Ab jetzt l(i)ebe ich mich selbst

I0438200

Ab jetzt l(i)ebe ich mich selbst

Klare worte dazu, wie Du aufhören kannst,
Dich zu verbiegen und zu Dir selbst findest.

Das Buch

Wir haben gelernt, uns zu verbiegen und leben eine Existenz, die man uns vorschreibt, gefangen in Ängsten und Zwängen. Arno Ostländer schreibt in klarer und oftmals provokanter, aber auch einfühlsamer Art über uns prägende Erfahrungen und die Möglichkeiten, die eigene Persönlichkeit zu entwickeln. In deutlichen Worten erkennen wir uns selbst, finden zu unseren eigenen und wahren Werten und lernen, uns selbst zu leben und den Mut zum eigenen Leben zu finden. Es ist möglich, zu einer eigenen Persönlichkeit zu finden und frei zu leben, wenn man den Mut hat, den einfachen Schritten des Buches zu folgen.

Der Autor:

Arno Ostländer, Jahrgang 1968, ist ein aus Radio, TV und Presse bekannter Coach und Berater, der beispielsweise als Experte für Zeitungen schreibt und im TV unter anderem tätig war als Berater von Silvia Wollny (Die Wollnys - Eine schrecklich große Familie). Darüber hinaus bloggt er zu vielen interessanten Themenbereichen und ist in vielen Medien gefragter Interviewpartner. Der Versicherungsfachwirt und frühere Vertriebstrainer hat kurz nach erreichen seines vierzigsten Lebensjahres aus einer tiefen Lebenskrise heraus sein Leben auf neue Beine gestellt. Er hat seither zahlreiche Ausbildungen absolviert und sehr viele berühmte Persönlichkeiten getroffen, mit denen er gearbeitet hat. Sein Ansatz ist hypnosystemisch, lösungsorientiert und konstruktivistisch.

Er arbeitet mit Einzelpersonen, Familien, Gruppen und Firmen im niederländischen Vaals bei Aachen.

Seine Internetseite:
www.paramedius.com

Ab jetzt l(i)ebe ich mich selbst

Klare worte dazu, wie Du aufhören kannst,
Dich zu verbiegen und zu Dir selbst findest.

www.paramedius.com

Titel der Originalausgabe:
Ab jetzt l(i)ebe ich mich selbst

© Paramedius B.V., vertreten durch Arno
Ostländer, Vaals 2014.

Autor: Arno Ostländer

Bilder von Arno Ostländer: Brigitte
Averdung-Häfner

Umschlaggestaltung und Layout: Arno
Ostländer

CreateSpace Independent Publishing
Plattform

ISBN- 13: 978-1500653699
ISBN-10: 1500653691

Paramedius B.V., Maastrichterlaan 28C,
6291 ES Vaals, Nederland. Bestuurder
(Director, Geschäftsführer): Arno Ostländer

www.paramedius.com

Für Dich

Du bist wunderbar, so wie Du bist. Kein Mensch muss Alles auf dieser Welt alleine regeln, nicht einmal Du. Niemand muss Alles aushalten, immer lachen oder sämtliche Dinge alleine erledigen und seine wahren Gefühle sowie Bedürfnisse hintenan stellen. Der Stress darf nicht unsere Lebensmaxime sein.

Es braucht den Mut, aus dem Phantasieort Wolkenkuckucksheim auszuziehen und die Bodenständigkeit verlieren zu können. Irgendwo dazwischen ist das Land wirklicher Liebe und Begegnung in den Herzen, wo der Verstand das Werkzeug ist, dass dem Herzen zuarbeitet, um das Glück zu erleben.

Du hast verdient, dass Du dem wundervollsten Menschen in Deinem Leben aufrecht in allen Lebenslagen ungeschminkt begegnen kannst – Dir! Du – und nicht Deine unzähligen Talente und Fähigkeiten – nur Du bist noch viel faszinierender und liebenswerter, als Du es glauben magst.

Allgemeine Hinweise

Bei gesundheitlichen Beschwerden konsultieren Sie bitte Ihren Arzt oder Heilpraktiker. Nehmen Sie Medikamente oder alle anderen (Heil-)Mittel nur nach Absprache mit einem Heilpraktiker, Arzt oder Apotheker ein. Verwenden Sie Informationen aus diesem Buch nicht als alleinige Grundlage für gesundheitsbezogene Entscheidungen. Das Buch ist eine Meinungsäußerung des Autors und seiner Co-Autoren und könnte trotz bester Absichten ganz oder teilweise falsch sein.

Ich schreibe meine Bücher aus dem Herzen. Gerne bemühe ich mich um einfache und klare Worte. Dabei habe ich bemerkt, dass ich durch zu viel Korrektur oftmals Gefahr laufe, den Inhalt durch Lektoren verändert zu sehen. Daher können kleine Fehler vorkommen, die zeigen, dass meine Bücher aus dem Herzen und nicht aus dem Kopf kommen. Das ist mir wichtig und entspricht meinem Anspruch und dem eigenen Auftrag an mich.

Vorwort

Vorwort

Der Titel dieses Buches war eigentlich für mein erstes Buch vorgesehen. Ich habe mich seinerzeit für „Endlich bei mir angekommen!" entschieden. Nun habe ich den Titel wieder aufgegriffen, aufgrund einer besonderen Begegnung, die mich an das erinnert, weswegen ich mich auf den Weg machte. Viele oder sogar alle Menschen sind viel schöner und wundervoller, als sie glauben. Sie haben keinen Zugang dazu, weil sie darauf programmiert sind, sich als falsch und unzureichend wahrzunehmen. „Ich bin nicht gut genug!" erlebe ich als zentralen Glaubenssatz nahezu aller Menschen, mit denen ich arbeite. Sie haben ein „Über-Ich", von dem sie annehmen, dass es ihnen die Person zeigt, die sie zu sein haben. Diese fiktive Person ist jedoch unerreichbar und entspricht nicht einmal den eigenen Werten und Vorstellungen, sondern ist nur ein Idealbild, basierend auf Werten, die im bisherigen Leben von anderen Menschen aufgedrückt wurden. Ob Eltern, Lehrer, Vorgesetzte oder die Medien; man hat uns erklärt, wer wir zu sein haben, ohne dass man uns Raum gibt, eine eigene Persönlichkeit zu entwickeln und die eigenen Werte aufbauen zu können. Ich erlebe die meisten – vielleicht auch sogar alle – meine Klienten dabei als gesünder und normaler, als sie sich selbst sehen.

Es ist kein Umdenken möglich, sondern ein „Umfühlen", welches uns befähigt, die alten Muster liebevoll anzunehmen, sie zu verwandeln und dann die eigene innere und äußere Kraft, Schönheit und Stärke zu finden. Dazu braucht es die Aufrichtigkeit, sich erkennen zu können und die bisherigen Schutzmechanismen überflüssig zu machen, da es sonst nicht gelingen kann, den selbstzerstörerischen Glauben an das, was nicht eigen ist, aufzugeben.

Fühle dich eingeladen, durch die einzelnen Schritte dieses Buches zu gehen und in das hinein zu spüren, was sie dir mitteilen. Es wird Zeit für dein Leben und die Liebe zu dir selbst. Die Liebe zu dir ermöglicht nicht nur, sich der Welt aufrecht zu zeigen, sondern auch, nicht mehr von anderen Menschen abhängig zu sein. Die Liebe zu dir ermöglicht auch die Liebe zu anderen Menschen. Liebe ist nicht, andere Menschen zu brauchen, sondern sie bedingungslos zu lieben, wie immer sie sind und was immer sie tun. Solange du das nicht bei dir kannst, wird es nicht möglich für dich sein, andere Menschen so zu lieben und von anderen Menschen so geliebt zu werden. Wenn du frei und glücklich sein willst, dann liebe und lebe dich selbst.

Die Beispiele im Buch basieren auf wahren Erfahrungen. Einige Begebenheiten wurden hierbei möglicherweise zusammengefasst oder Details verändert, um Persönlichkeitsrechte zu wahren und die Anonymität der Menschen in den jeweiligen Situationen sicherzustellen. Der Schutz der Privatsphäre ist ein unabdingbar wichtiges Gut, so dass es ein unbeabsichtigter Zufall wäre, wenn es einen Namen und eine

Schilderung gäbe, die wirklich zueinander passen würden.

Aachen, Im Juli 2014

1 Ich zu sein ist ein falsches Konzept

„Jedenfalls ist es besser, ein eckiges Etwas zu sein als ein rundes Nichts."
Friedrich Hebbel

Marianne ist seit 25 Jahren verheiratet. Morgens steht sie eine halbe Stunde früher auf, als ihr Mann. Sie geht dann ins Badezimmer und duscht, schminkt sich und zieht sich etwas Frisches an. Abends wartet sie, bis ihr Mann eingeschlafen ist, geht sich erst dann abschminken und schläft danach selbst ein. Sie trainiert nahezu täglich mindestens eine Stunde, damit sie auch mit fast fünfzig Jahren noch eine perfekte Figur hat und verkneift sich ganz viele leckere Dinge, damit sie schlank bleibt.

Gelegentlich wird sie einmal schwach, fastet dann aber mehrere Tage, damit sie diese „Sünde" wieder ausgleicht. Sie hat sich die Falten in ihrem Gesicht spritzen lassen, damit man ihre Krähenfüße nicht erkennt und die Gedankenfalten auf der Stirn nicht mehr zu sehen sind. Ihr Mann hat sie noch nie ungeschminkt gesehen, denn sie möchte für ihn perfekt sein. Sie scheint für ihr kaum zu altern und wirkt immer gleichermaßen in der Balance ewiger Jugend. Sie wirkt wie konserviert und als könne sie den Alterungsprozess nahezu endlos verlangsamen.

Sandra ist eine erfolgreich in ihrem Beruf, daneben ist sie noch Ehefrau und Mutter, Freundin und Tochter, Geliebte ihres Ehemannes und besorgt den Haushalt. Sie ist der

Meinung, dass sie für alle Dinge die Verantwortung trägt, kann schlecht delegieren oder einmal Verantwortung ablehnen. Immer muss sie jede Aufgabe umsetzen, bis sie nicht mehr kann. Dann leidet das Umfeld und sie zerstört sich deswegen selbst. Sie hat – wie Marianne auch – so hohe Ansprüche an sich selbst, dass sie sich niemals selbst gerecht werden kann. Es geht nicht, dass sie dem Idealbild von sich entsprechen kann. Weniger aber geht auch nicht.

Warum dürfen wir nicht wir selbst sein? Es ist falsch. Genau das hat man uns als Kind schon vermittelt. Zuerst dürfen wir nicht essen, was wir wollen, denn man füllt uns den Teller ungefragt mit Dingen, die wir uns nicht einmal aussuchen dürfen. Dann müssen wir das aufessen und wenn nicht, dann sollen wir auch noch für meteorologische Phänomene verantwortlich sein. Das Wetter soll angeblich schlechter werden, wenn wir nicht essen, was man uns aufzwingt. Die Folge ist in vielen Fällen Adipositas, krankhafte Fettsucht. In der Schule geht es weiter. Wir haben das zu lernen, was uns nicht liegt und was wir nicht lernen wollen. Wenn wir das nicht so erledigen, wie man es von uns fordert, dann gefährden wir unsere Versetzung. Stärken zu fördern ist in unserem Schulsystem immer noch nicht vorgesehen. Bei früheren Generationen war daran überhaupt kein Denken und diese früheren Schulkinder prägen das heutige Schulsystem und glauben, dass man das nicht einfach so ändern könne.

Glaubenssätze wirken hier und an anderen Stellen sehr oft noch über Generationen hinweg nach. Der Glaube daran, dass man nichts im Leben ändern könne, wirkt nachhaltig. Wenn man einen ganz jungen Elefanten mit einem Seil an einem kleinen Baum bindet, dann kann er nicht weglaufen. Später kann man den ausgewachsenen Elefanten immer noch mit einem kleinen Seil fesseln und er versucht nicht einmal, ob er weglaufen kann. Er wurde als kleines Tier schon darauf konditioniert und glaubt nicht an seine Kraft, selbst wenn er fünf Tonnen wiegt und es eine lächerlich kleine Anstrengung bedeuten würde. Er schafft es nicht mehr, sich zu befreien, weil er gelernt hat, dass es in seiner Kindheit nicht funktioniert hat. Diesen Glauben behält er bei und versucht erst gar nicht, ob es heute ginge. So verbunden können Mensch und Tier mental sein.

Nun haben wir auch noch Vorbilder, die uns sagen, was wir zu tun haben, es uns aber nicht vorleben. Man sagt uns, dass man nicht bei rot über die Straße geht, aber unsere Eltern, Lehrer und alle anderen Bezugspersonen beugen das Gesetz. Ich kenne Polizisten, Anwälte und andere wichtige Schlüsselpersonen, die sich nicht an die Regeln halten, egal ob bei der Arbeit oder privat. Wenn wir uns an die eigene Nase fassen, dann wissen wir, dass auch wir verbotene Dinge getan haben und das Gesetz zumindest gelegentlich beugen. Wir erleben ständig, dass es ein Leben gibt, das man lebt und eines, das man zu leben anstreben soll. Leider lernen wir auch, dass wir nach außen immer dem Idealbild entsprechen, es aber nicht wirklich anstreben. Es soll einen Unterschied geben zwischen dem Menschen, der wir sind und dem Menschen, der wir gerne sein mögen. Die dabei wesentlichen Werte sind nicht einmal eigene, sondern von anderen Menschen geprägt und ohne Nachfrage übernommen.

Wir kennen es nicht, dass unsere Meinung wichtig ist und werden unterdrückt. Sich zu befreien ist nicht wirklich möglich, denn wir sind von Kind an immer unterdrückt worden. Wenn wir einmal etwas umwerfen, dann haben nicht ungeschickt gehandelt, sondern wir sind doof. Nicht das, was wir getan haben ist dumm, sondern wir. Natürlich ist das nicht richtig, aber das haben unsere Eltern und Bezugspersonen auch so gelernt. Dabei gibt es keine guten Absichten, die wir zu würdigen haben. Es ist an der Zeit, ohne anzuklagen, diesen Missstand anzuerkennen und es nicht länger einfach hinzunehmen. Wir dürfen uns befreien und wir können uns frei machen von den Dingen, die uns belasten. Es gibt keine richtigen Vorwürfe, die man Kindern macht. Man zeigt Kindern den richtigen Weg nicht durch Belehrung, sondern dadurch, dass man den rechten Weg den Kindern ehrlich und authentisch vorlebt.

Wir lernen es, dass wir Werte leben sollen, die man uns nie vorgelebt hat, sondern nur immer predigte. Wir lernen nicht, was es bedeutet, ehrlich, authentisch und aufrecht zu leben, weil man es uns sagt, sondern wenn man es uns vorlebt. Dabei muss niemand perfekt sein, sondern nur ehrlich und aufrichtig zu sich stehen. Wenn unsere Eltern wollen, dass wir aufrecht zu uns stehen, so müssen diese vor allem zu sich selbst stehen. Wenn wir möchten, dass andere Menschen aufrecht leben, dann müssen wir es ihnen zeigen. Aufrichtigkeit und Authentizität sind wichtige Pfeiler, um zu sich zu finden. Es geht darum, in sich selbst zu schauen und sich zu erkennen. Danach ist es wichtig, genau das zu dem zu verwandeln, was wirklich unseren Werten entspricht und nicht zu dem werden zu lassen, was jemand von uns erwartet. Wir müssen keinen Vorstellungen entsprechen und wir haben nicht die Verpflichtung, das zu leben und zu sein, was ein anderer

Mensch von uns erwartet. Unsere Eltern und Bezugspersonen haben oftmals ein Leben geführt, das unfrei war und sehen darin Sicherheit und Stabilität. Dabei ist dies Lug und Trug und wir haben es als Kinder erkannt. Je erwachsener wir wurden, desto mehr haben wir begonnen, uns damit zu arrangieren und sind der Kollevtivbetäubung erlegen. Wir haben gelernt, dass unser Selbst falsch ist und haben gelernt, dass wir nicht klug, weise und richtig sind. Steter Tropfen höhlt jeden Stein. Nun sind wir der Meinung, dass wir dies nicht mehr ändern können. Hat man das einer Mücke zu sagen vergessen? Denn wenn eine kleine Mücke im Raum ist, wie gut kannst du dann schlafen? Aber du bist zu klein, um etwas zu verändern? Das bist du nur, so lange du es glaubst.

2 Liebe bedeutet Leid und Schmerz

„Doch ewig bleibt der Pfeil in deiner Brust; ich kenn' ihn, nie vernarben seine Wunden. Dein Frieden ist vorbei: Du hast empfunden!"
Friedrich von Schiller

Sabine und Achim lernen sich kennen. Sie begegnen sich und es funkt schnell zwischen ihnen. Achim überwindet seine Ängste und weiß in seiner Unsicherheit oft nicht, wie er richtig vorgeht. Sabine wünscht sich von Herzen eine Partnerschaft und einen Mann, der ihr zeigt, dass er sie liebt. Achim, der sich danach sehnt, eine Frau wirklich zu lieben und es ihr zu zeigen, bedankt sich im Herzen für diese Zeichen und genießt es, dass er zeigen darf, wie sehr er sich in Sabine verliebt hat. Dabei geht er in seiner Euphorie zu weit und ängstigt Sabine, denn so ein offenes und verliebtes Verhalten eines Mannes ist sicherlich nicht normal. Dass er einfach sein Glück zeigen möchte, dass er durch sie in sich gefunden hat, das ist ihr nicht klar. Sie kennt es nicht und sie war bisher niemals gut genug. Wenn sie singt, dann singt sie aus ihrem Herzen und wenn sie ihren Beruf als Managerin in einem großen Konzern ausübt, dann ist sie eine Powerfrau. Sie schafft ihr Pensum kaum und sie darf nicht zur Ruhe kommen, denn sonst würde sie merken, was ihr wirklich fehlt und genau das darf sie nicht erkennen. Sie sehnt sich nach Liebe, Partnerschaft und Anerkennung und danach, dass ein Mann ihr zeigt, wie wundervoll sie ist.

Und da soll so ein dahergelaufener Irrer einfach wissen, wie sie sein kann und das wirklich erleben und schätzen können? Das kann doch nicht angehen, denn das Leben war nie so unkompliziert und das kann es nicht sein, denn das gibt es nicht. Sie trennt sich unter Tränen von ihm, denn er kann das nicht ernst meinen und ist ihr nicht bodenständig genug. Sie spürt in sich, dass sie an sich zweifelt und Kopf und Herz einen Wettlauf unternehmen.

Sie ist es gewohnt, den Kopf gewinnen zu lassen. Der ist – genau wie das Herz – von einem Antidepressivum geschwächt und daher nicht ehrlich erreichbar. Zudem werden die Gefühle von ihrem Leben auf der Überholspur unterdrückt, was sie auch nicht ändern möchte. Sie könnte möglicherweise Dinge finden, die ihr Lebenskonzept unmöglich machen und sie belasten. Was, wenn sie sich mit dem Dingen auseinandersetzen müsste? Das ist sicherlich nicht gut, denn sie wäre dann nicht mehr so bodenständig, wie es ihr wichtig ist. Sie belügt sich selbst, lenkt sich ab und erträgt das Leben dadurch, dass sie gerne isst und auch recht viel Alkohol trinkt. Sie lenkt sich ab durch viele Unternehmungen, bis sie sich zurückziehen und die Wunden lecken muss, wenn sie vollkommen erschöpft ist. Dann geht es wieder Kopfüber in das Alltagschaos. Zu sich zu finden ist dabei nicht möglich, aber genau das ist das Ziel. Sie will sich nicht finden können und dürfen. Was, wenn sie etwas finden würde, was es wichtig macht, sich mit dem eigenen Leben noch mehr zu befassen? Das ist schwer genug. Da noch weiter hinschauen und noch mehr zulassen, das wäre eine schlimme Sache, so scheint es. Das Leid zu sehen und den Schmerz zu spüren, das kann doch nichts bringen, denn Leid und Schmerz, das gehört zum Leben und zur Liebe dazu.

Ihre Eltern sind nach langen Jahren auseinander und haben sie für ihre Spielchen benutzt. Das schwächt ihren Glauben an die Liebe und das Miteinander mit einem Menschen. Menschen benutzen sich, gerade in einer Partnerschaft oder wenn sie einem nahe stehen. Es ist so, dass man eine Zeit zusammen ist und dann leidet. Flucht ist das, was sie kennt. Sie wohnte neben ihren Eltern und nun ist sie weiter weg gezogen und hat Hunderte Kilometer von Zuhause ganz neu im Ausland angefangen. Dort ist es einfacher, so scheint es, auch wenn ihr manchmal die Wurzeln fehlen. Sie haben das gelernt, was sie weiter gegeben haben. Man muss das Spiel spielen und die Maske auf behalten, denn sonst zeigt man sich und wird verletzbar. Menschen dürfen nicht schwach sein, nicht zu sich stehen und dürfen sich schon gar nicht verändern. Das geht so lange gut, bis man weglaufen muss. Dieser Ausweg ist mittlerweile gesellschaftlich akzeptiert und kann gewählt werden. Und so wie die Eltern weglaufen, so läuft auch die Tochter weg und flüchtet vor der Realität.

Romeo und Julia, Jenseits von Afrika, Casablanca und andere

Liebesgeschichten haben uns gelehrt, dass Liebe und Leid miteinander verbunden sind und reduzieren das Glück und die Liebe in uns. Eine Liebe wie die von Orpheus und Eurydike durfte nicht gelingen. Er stieg zu ihr in die Unterwelt nach ihrer Vergewaltigung und schaffte es, dass sie diese wieder verlassen durfte. Auf dem Weg nach oben tat er, was ihm verboten war und verlor seine Liebe erneut. „Ich wünsch' dir Liebe ohne Leiden und eine Hand, die deine hält …" von Udo Jürgens trifft es ganz gut. Wir sind bestrebt, dass wir die Liebe mit dem Leid verbinden, denn wir haben nie gelernt, was Liebe bedeutet. Vor allem haben wir nie gelernt, dass wir gut genug und liebenswert genug sind. Wir haben nicht gelernt, wie wir mit uns umgehen und wie wir mit unseren

Belastungen umgehen können, damit wir sie in Stärke verwandeln. Es scheint besser zu sein, eine Strategie der Betäubung zu entwickeln, statt sich verletzbar zu zeigen. Genau dadurch werden wir nicht frei, sondern bleiben in unseren Gefängnissen, die wir schön gestalten und die scheinbar so logisch aufgebaut sind, dass man sie auch nicht verlassen kann.

Alkohol, übermäßige Ernährung, Sport, Drogen, Sex, Arbeitswut, Hobbys, Vereine, Ämter und viele andere Dinge sind gut geeignet, uns auf der Überholspur zu halten und nicht zu spüren, was wirklich mit uns los ist. Es sind Dinge, die uns den Alltag vergessen lassen und uns scheinbar befreien. Wir merken nicht, dass wir uns selbst in ein Gefängnis begeben, denn unser Leben wird machbarer, wenn wir uns ablenken, Bestätigung bekommen und die Anerkennung im Außen finden, die wir nicht in uns gefunden haben und uns nicht selbst geben können, weil man es uns nicht gezeigt hat.

3   Deutsche sind Erbsünder

„Die deutschen Panzer haben eine Kraft entwickelt, die sie eigentlich gar nicht haben und haben uns platt gemacht."
Diego Maradonna zum Endspiel der Fußball Weltmeisterschaft 2014

Wir Deutsche haben unsere Vergangenheitsbewältigung nie abgeschlossen. Ein Österreicher namens Adolf Hitler hat dafür gesorgt, dass wir uns eine Last aufzuladen haben, die sich nicht tilgen lässt. Komischerweise haben die ebenso im Großdeutschen Reich befindlichen Österreicher nicht darunter zu leiden und diese Erbsünde nicht übernommen. Jeden

Tag gibt es irgendeine Doku im Fernsehen zum Thema Nationalsozialismus in Deutschland und immer wieder werden wir noch angefeindet, weil dieser Mann die Welt tyrannisiert hat. Dabei ist kein Land so darauf bedacht, wach und aufmerksam zu sein für derlei Kräfte. Keine Nation ist so bemüht, sich für ihre Befreiung von einem Tyrannen öffentlich zu bedanken. Nirgendwo in Deutschland findet man Symbole dafür, dass wir zu Nazi-Deutschland stehen, sondern klare Distanzierungen vom ehemaligen Terror-Regime.

2005 „wurden wir Papst". Nicht, dass „Papst Ratze" Benedikt XVI ein Mann wäre, der die Welt zur Öffnung veranlassen wollte, aber es gab uns etwas Stolz auf unsere Nation, denn

„wir" begannen wieder, jemand zu werden. 2006 Ausrichter der Fußball Weltmeisterschaft zu sein, war eine weitere große Chance für uns. Es gab Bilder mit der deutschen Fahne im positiven Kontext. Ein Sommertraum war die WM für die Welt. Deutschland war der Mittelpunkt und die Welt im Frieden mit einem Land, in dem es sich gut feiern ließ. 2014 sind wir nun Gewinner der Fußball Weltmeisterschaft und werden gefeiert und geehrt. Es gibt Glückwünsche, die uns von vielen Seiten zukommen, da wir als Nation etwas erreicht haben, was man uns anerkennt. Allerdings gibt es immer noch Kommentare, wie den zu Beginn dieses Kapitels von Diego Maradonna. In den Niederlanden habe ich selbst noch geschmacklose Bilder im Bezug auf die WM gesehen, auf denen ein

Mann in SS Uniform mit einer Anti-Deutschen-Parole zu sehen war.

Es wird Zeit, dass die Welt uns endlich damit in Ruhe lässt und wir aufstehen und uns nicht mehr als Erben der Deutschen Sünde sehen. Wir sollten auf rechtsradikale Bewegungen überall achten und wir sollten der Gewalt begegnen, aber wir müssen nicht nach 70 Jahren noch ein Regime verantworten, an dem unsere Großeltern schon nicht mehr beteiligt waren. Deutschland ist nicht rechtsradikal und wir sind keine gewaltbereite Nation. Ganz im Gegenteil, wir sind weichgespült und trauen uns immer noch nicht, für unsere Rechte auf die Straße zu gehen. Lernen wir von den mutigen und aufrechten Franzosen, die nicht nur die Bastille gestürmt haben, sondern auch heute noch für ihr Recht auf die Straße gehen. Alle Nationen dürfen sich befreien und alle Menschen für ihre Rechte einstehen. Dabei haben alle Gruppen von Menschen, Nationen und Regionen Erbsünden, die ihnen zukommen könnten. Das Blut der französischen Revolution war eine sinnlose und massive Gewalt, aber das lastet nicht mehr auf dem heutigen Volk, das sich befreit hat. Italienische Pizzerien heißen „Pinocchio" und nicht „Chez Mussolini". Die Niederländer sind nicht mehr in dem Bewusstsein, warum in Südafrika Afrikaans gesprochen wird und haben vergessen, was dort und in Indonesien geschehen ist. Die Engländer, Amerikaner und viele andere Nationen sind sich nicht im

Klaren darüber, was ihnen an Schund anlasten könnte. Deutschland ist da anders, denn wir dürfen nicht stolz sein auf unser Land. Es ist wichtig für uns, sich immer noch schuldig zu fühlen, obwohl man die Generationen vor unseren Großeltern durch Terror ausgenutzt und missbraucht hat. Unser Volk wurde missbraucht und hat nicht die Welt gefangen genommen. Wir waren Opfer einer Diktatur, welche die Massen manipuliert und mit Gewalt unterdrückt hat. s

Es ist lange genug her, so dass wir diese Schuld nicht mehr anerkennen müssen, sondern uns bewusst werden lassen, dass wir alle Menschen sind. Wir sind alle auf der Suche nach Liebe, Wahrheit und Zuneigung. Alle Menschen haben die gleichen Rechte auf Freiheit und Gleichbehandlung. Wir dürfen geradeaus in den Spiegel schauen, als Nation und als Individuum. Es ist wichtig, dass wir beginnen, uns davon zu lösen, eine Schuld zu übernehmen, die uns nicht anhaften muss. Wir haben uns als heutige deutsche Menschen nichts vorzuwerfen, aber übernehmen das Konzept der Erbsünde von der Kirche, mit dem wir uns selbst unterdrücken. Ich bin persönlich nicht verantwortlich, genau so wie du auch nicht oder unsere Eltern. Niemand im heutigen Deutschland kann begreifen, wieso Menschen einem Adolf Hitler und seinen Schergen folgen konnte.

Werden wir so frei, wie wir es sein wollen und geben wir auch anderen Menschen die Gelegenheit dazu. Immer noch ist viel Hass in den

Niederlanden, Frankreich und anderen Nationen zu spüren. In den USA redet man noch von den „Krauts" und den Nazis, wobei das Bewusstsein für die massive deutsche Abstammung und die eigene Geschichte hinsichtlich der amerikanischen Ureinwohner nicht gegeben ist. Es reicht endlich, immer noch eine Schuld zu tragen und eine Last zu übernehmen, mit der niemand mehr etwas zu tun hat. Wer das Regime seinerzeit geprägt hat, der muss heutzutage sicherlich über 100 Jahre alt sein. Demzufolge kann wirklich kaum mehr jemand übrig sein, der Schuld trägt. Wir könnten aber auch endlich einmal die Schuldigen suchen, anklagen und ihnen einen fairen Prozess machen. So entscheidet man über Schuld und Sühne angemessen in einer

Gesellschaft. Es kann nicht sein, in unserer heutigen Welt immer noch ein Volk, eine Glaubensgemeinschaft, ein Geschlecht oder eine Rasse anzuklagen. Das müssen wir mittlerweile verstehen und dafür einstehen.

4 Männer sind Menschen ohne Gefühle

„Die meisten Frauen setzen alles daran, einen Mann zu ändern, und wenn sie ihn dann geändert haben, mögen sie ihn nicht mehr."
Marlene Dietrich

Albert hatte stets Probleme damit, seine Gefühle zu zeigen und sich einer Frau zu öffnen. Es war immer so, dass ihm Frauen zeigten, dass sie es sich wünschen und dann stießen sie ihn weg, wenn er den Mut aufbrachte und dabei über das Ziel hinaus schoss. Es wurde ihm nie vermittelt, was gute und angemessene Gefühle sind und wie man diese zeigen kann. Er lernte, dass Indianer keinen Schmerz spüren und Männer hart und verlässlich sind. Es wurde ihm nicht vorgelebt, aber es wurde gepredigt, wie wir das schon vorher an anderer Stelle besprochen hatten. Niemand sagte ihm, wie man mit Gefühlen umgeht. Emotionen wurden als Zeichen von Schwäche hingestellt und ihm wurde vermittelt, wie man diese massiv unterdrückt.

Wenn er nun eine bezaubernde Frau kennenlernt, wie es bei Sabine der Fall war, dann zeigte er es gleich im Übermaß, damit es bei ihr ankam. Bei ihr fand er Weiblichkeit, aber auch eine klare Linie und sie hatte einen handwerklichen Beruf, was sie noch anziehender werden ließ. Sie war nicht das typische Weibchen, sondern ihr stand auch der Blaumann sehr gut. Das ließ in ihm einmal etwas weichere Empfindungen aufkommen, die für ihn ganz neu waren. Er verunsicherte sie dadurch und er wollte nur sicher gehen, dass seine Worte und die damit verbundenen Gefühle auch bei ihr ankamen. Er gab sich Mühe, sich ihr gegenüber so gut zu öffnen, wie er es konnte. Dabei gab er viel zu schnell viel zu viel und sie bekam nur noch Angst und Fluchtgedanken. Nach kurzer Zeit trennte sie sich von ihm unter Tränen. Sie hatte vielleicht auch nur Angst und war unsicher, denn sein Verhalten entsprach prinzipiell ihren Vorstellungen. Es machte ihr nur Angst und verunsicherte sie, dass es so schnell so viel war. Das kannte sie nicht aus ihrem Leben und es verunsicherte sie so sehr, dass sie die Trennung unter Tränen vorzog, statt ihm eine Chance zu geben. Er beschloss jedoch, nicht aufzugeben und suchte nach einer Chance. Leider ist mir der Ausgang nicht bekannt, aber ich wünsche diesem so glücklich und verliebt wirkenden Paar einen neuen Start, bei dem sie sich wirklich finden und dabei zueinander kommen, in einer Art, die ihnen beiden gut bekommt, denn sie passten in den Augen der meisten Menschen sehr gut zusammen und wirkten so harmonisch. Sie haben es verdient, in sich und vielleicht auch miteinander glücklich zu sein.

Männer haben ihre feminine Seite zu unterdrücken. Sie müssen knallhart sein, keine Gefühle zeigen und am besten immer Pokerface wahren. Schwäche zeigen ist Verletzbarkeit nach außen anbieten und das scheint eine Art Todsünde zu sein. Frauen wünschen sich, dass sich Männer öffnen und werfen ihnen vor, wenn sie in besonders emotionalen Lebensphasen genau dieses Verhalten zeigen. Dann sind sie keine Männer mehr, weil ihre Männlichkeit nicht auf Offenheit, sondern auf kühler Distanz zu beruhen hat.

Auch hier ist es Zeit für eine Revolution. Es wird Zeit, dass wir den 14. Juli leben. An diesem Tag haben sich die Franzosen befreit. Wir haben ebenso das Recht, unseren 14. Juli zu begehen und uns von den aufgedrückten Rollen zu ent-sorgen. Männer möchten einen Zugang zu ihren Emotionen bekommen, aber sie sind unsicher, wie sie nun das rechte Maß finden. Zudem wissen sie nicht, ob es ihnen nicht übel genommen wird. Sie wurden zu dieser Rolle erzogen und sie fühlen sich zwar nicht immer wohl darin, aber sie sind es gewohnt, so zu leben. Unsere Gewohnheiten dominieren uns sehr. Jede Veränderung in unserem Rollenverhalten braucht sehr viel Mut. Wir möchten vieles in unserem Leben verändern, aber wir haben es gelernt, uns mit dem bisherigen Leben zu arrangieren. So erdulden wir es, so zu leben, wie es uns unglücklich macht und unterdrücken den Willen zur Veränderung, denn wir haben nie gelernt, mit unseren Ängsten umzugehen und sie in Ressourcen zu wandeln.

Es ist möglich und es ist richtig und wichtig, sich mit seinen Gefühlen zu verbinden und die eigenen Emotionen wahrzunehmen, sie zu erkennen und danach auch leben zu lernen. Natürlich kann man das nicht auf einmal ändern, sondern nur

Schrittweise. Das bisherige Leben macht Sinn und das Verhalten wurde erlernt und kultiviert. Daher braucht es eine Veränderung, die nach und nach geschehen darf. Wichtig ist erst einmal, dass wir verstehen, wie diese Situation entstanden ist, in der die Männer sich befinden. Sie haben es nicht erworben im Laufe des Lebens, dass es nicht gut ist, Gefühle zu zeigen. Die Gesellschaft prägt Männer, perfekte Handwerker zu sein und Gefühle nicht zuzulassen. Damit haben sie sich abfinden gelernt und arbeiten oftmals viel oder lenken sich mit zu viel Bier ab. Das Bier hat zudem noch eine antiaphrodisierende Wirkung und unterdrückt den Lustreiz, so dass sie nach und nach auch die Lust am Sex und an ihrer Partnerin verlieren, es aber nicht einmal bemerken. Natürlich müssen sie so tun, als ob sie dennoch auf jede Frau scharf wären, denn diese Rolle wird ihnen ebenso übergestülpt.

Männer haben noch etwas, mit dem es wichtig ist, aufzuräumen. Sie sind oftmals als Kinder ebenso misshandelt und missbraucht worden, wie Frauen dies erlebt haben, sexuell und auf andere Art gleichermaßen. Jungs werden schon früh herzlos zu Männern erzogen mit vielen kranken Ritualen und genau so wie Mädchen Opfer körperlicher Gewalt. Mein Opa hat mir gezeigt, wie man einem Aal ein Küchenmesser in den Kopf rammt und dieser dann noch durch das Gras kriecht. Kannst du dir vorstellen, warum ich zu diesem Mann keine solch intensive Beziehung aufbauen konnte, wie er es sich wünschte? Hinzu kommt, dass Männer später gesellschaftlich angeklagt und öffentlich missbraucht werden, denn sie sind immer die Bösen. Wenn ein Mann im Verdacht steht, eine Frau oder gar ein Kind angefasst bzw. missbraucht oder geschlagen zu haben, dann wird keine Frage mehr gestellt. Wie im Fall Kachelmann kurz gesehen, ist ein Mann in dem Moment erledigt, wo ein Verdacht besteht. Das darf nicht sein.

An dieser Stelle sollen Kinderschänder und Männer, die gewalttätig sind, nicht geschützt werden, sondern es soll wirklich erkundet werden, was geschehen ist. Wichtig ist, dass wir keine Vorverurteilungen mehr zulassen, sondern erforschen, was dahinter steckt. Manchmal ist es so, dass Menschen sich trennen und Kinder unglücklich mit der neuen

Partnerwahl auf einer oder mehreren Seiten sind. Kinder wünschen sich, dass die wahren Eltern zusammen sind und fühlen sich oft schuldig, weil sie das komplizierte Spiel der Beziehungen noch nicht kennen. Daher wünschen sie sich, dies wieder zu kitten, wenn sie nicht auf gute Art und Weise in eine Trennung einbezogen werden. Oft sind sie nur Opfer und Spielball, kommen dabei jedoch mit ihren wahren Bedürfnissen zu kurz. Männer sind dabei das leichtere Opfer, das dann mit dem Rücken zur Wand steht. Es wird Zeit, dass Männer sich angemessen verteidigen und die Gesellschaft es achtet, dass Männer Gefühle haben und erst nach einem Schuldspruch auch Schuld tragen, die es zu sühnen gilt.

5 Frauen müssen Alles können

„Die Männer geben unter Umständen zu, dass sie Unrecht haben, aber sie werden niemals zugeben, dass ihre Frau Recht hat."
Fita Benkhoff

Tanja war ein Model und viele Jahre sehr erfolgreich. Sie war eine wunderbare Frau und unglaublich schön anzuschauen. Ungeschminkt in Alltagstextilien kam sie bei mir an und lag dann in einem knappen, jedoch vollkommen unscheinbaren Slip auf meiner Massagebank, denn sie hatte einen Gutschein erworben. Sie wollte es sich einfach einmal gut gehen lassen. Sie erzählte mir, dass sie nicht mehr so attraktiv ist, wie sie es einmal war. Dabei war diese Frau in ihrer Natürlichkeit so bezaubernd und attraktiv, dass jeder Mann sich gewünscht hätte, meinen Job übernehmen zu dürfen. Ich verstand es nicht, was sie sagte, es schien ein „Fishing for Compliments" zu sein. Dann schilderte sie mir ihre Lebensumstände und ich verstand, was in ihr vorging. Sie war immer nur Model und Schönheit war das einzig wichtige in ihrem Leben. Nun war sie Anfang 40 und immer noch schön. Aber sie war jetzt in einer neuen Umgebung, war umgezogen und hatte ein ganz neues Umfeld sowie eine instabile Partnerschaft. Die bisherigen Kontakte fehlten ihr und sie hatte kein Zutrauen mehr zu sich. Sie war nie etwas anderes in ihrem Leben als schön. Niemals hatte sie an einen richtigen Beruf gedacht, keine

Ausbildung absolviert, keine Leidenschaft zu kultivieren begonnen und kein anderes Talent entwickelt als zu modeln. So hatte sie auf einmal keine Grundlage mehr, sich als wichtig und begehrenswert zu empfinden. Es gab kein gültiges Selbstbild mehr und sie litt darunter.

Marianne und Sandra aus dem ersten Kapitel haben weitere Varianten gezeigt, die ebenso häufig anzutreffen sind. Frauen sind ungeheurem Druck ausgesetzt. Sie müssen Model, Hure und Heimchen am Herd sein. Man erzieht sie zur Mutterrolle und dazu, sich mit dem Haushalt zu befassen. Daneben müssen sie heutzutage noch Quoten erfüllen und Vorstandposten beziehen. Ebenso zeigt man ihnen auf jeder TV Zeitung, wie Frauen im Bikini auszusehen haben. Das entspricht natürlich nicht der Realität, denn diese Models sind alle retuschiert und mit Weichzeichner sehr wohlwollend in Szene gesetzt. Wiederholungen sorgen jedoch dafür, dass sich Dinge einprägen. So lernen Frauen, dass dies ihnen zu entsprechen hat und sie diesen Bildern nachzueifern haben.

Hausfrau und Mutter sein ist eine wichtige Rolle, die eine Frau wirklich bestätigt und die ihr auch etwas gibt. Die Geburt eines oder mehrerer Kinder ist ein wunderbares Erlebnis, das kann auch jeder Mann nachvollziehen, wenn auch vielleicht nicht ganz. Es ist ein Teil der Rolle, die einer Frau vorbestimmt ist. Eine Aufgabe der Frau ist es, Leben zu schenken. Viele Frauen wünschen sich, diese Rolle zu erfüllen, aber sie können sie nicht immer erfüllen.

Manchmal ist es eine biologische Disposition und manchmal sind die Lebensumstände entgehen stehend, die Partnerwahl, der Beruf oder eine Kombination dieser und anderer Umstände. Unglück im Inneren ist oftmals eine Folge von Kinderlosigkeit, denn nicht nur die Gene, sondern auch die Gesellschaft fordert Kinder an sich ein, denn eine Frau wird dazu erzogen, Mutter zu sein. Wozu sollten sonst die ganzen Puppen und deren Zubehör dienen, wenn nicht dazu, auf diese Rolle vorzubereiten? Ebenso wird der Haushalt als wichtiger Lebensteil einer Frau vermittelt. Es werden komplette Kinderküchen angeboten mit unglaublichen Details, damit Mädchen früh lernen, dass dies schön ist und zu ihrem Leben gehört. Wir alle wissen, dass Jungs, die damit spielen würden, bereits als Kinder geächtete wären.

Heutzutage ist es so, dass auch bei Frauen ein Wandel ist. Einen Haushalt zu führen und Mutter zu sein, das füllt ein Leben aus, was die Arbeitslast angeht. Es geht nur heute noch viel weiter, als damals. Die Ansprüche an das Äußere sind massiv gewachsen. Frau muss heute perfekt gestylt sein, sonst gilt sie nicht gesellschaftlich und sie muss zudem noch beruflich fest im Leben stehen. Das lässt sich nicht einfach so miteinander vereinbaren und führt dazu, dass Frauen einen unglaublichen Druck verspüren. Nicht umsonst ist es so, dass Frauen immer mehr an Burnout und Depressionen leiden und dies immer mehr Frauenthemen werden.

Es wird Zeit, dass Frauen, die in Führungspositionen oftmals besser besetzt sind als Männer, sich freier entscheiden dürfen und unproblematisch Kinder und Karriere verbinden können. Es darf nicht sein, dass ein Kind oder mehrere eine Karriere zerstören. Kitas und ähnliche Einrichtungen sind wichtig und brauchen dringend Förderungen. Männer und Frauen sollten miteinander für den Haushalt sorgen und das abgeben, was sie beide nicht erledigen mögen, wenn sie beide berufstätig sind. Wenn ein Mann die Möglichkeit hat, der Kinder wegen viel oder ganz Zuhause zu bleiben oder von Zuhause aus zu arbeiten, dann kann auch dies eine Lösung sein. Erziehung, Haushalt, Karriere, Topmodel und Hure bzw. Liebhaberin zu sein, das kann eine Frau nicht leisten, ohne sich dabei komplett zu verlieren. Frauen haben das Recht, sich nicht in alle diese Rollen gleichermaßen pressen zu lassen, sie sollten darauf achten, was ihre Natur ist und sich dennoch so befreien dürfen, wie sie es wünschen. Es wird Zeit, den Lebenspartner mit in diese Pläne einzubeziehen und von ihm auch zu fordern, dass er einen Kinderwunsch mit trägt und nicht nach seinem Feierabend frei hat und seine Frau rund um die Uhr alles zu erledigen hat, was die Kinderbetreuung nicht schafft.

Männer und Frauen sind beide an ihren Kindern beteiligte Eltern. Männer und Frauen, die zusammen leben, haben auch zusammen für einen gemeinsamen Haushalt die Sorge zu tragen. Wenn wir nicht die frühere klassische Rollenverteilung leben, dann müssen Frauen sich befreien und direkt klar zu erkennen geben, dass es nicht geht, dass sie Haushalt, Kind und Karriere alleine tragen. Aber auch bei der klassischen Rollenverteilung, bei der der Mann arbeitet und die Frau Haushalt und Kind regelt, so muss der Mann seiner Frau die Möglichkeit geben, sich zu leben und ihr freie Zeit geben, die er mit den Kindern alleine verbringt, damit sie ihre sozialen Netzwerke im echten Leben weiter verfolgen kann und nicht Zuhause zunehmend unglücklicher wird. Frauen sollten sich ebenso befreien dürfen wie Männer. Es ist wichtig, dass jede Frau sich auf ihre Art finden und sich selbst leben darf. Glück ist nicht Allgemeingültig und nur auf eine bestimmte Art erfahrbar, sondern ganz individuell zu erlangen. Jede Frau darf das für sich selbst finden und sich somit selbst erfinden und befreien.

6 Jammer TV

„In Wurst sind Vitamine drin, in Leberwurst, in Schinkenwurst und in Erdbeerkäse. ... Bio ist für mich Abfall. ... Bäääh Ekelhaff!"
Nadine aus Alsdorf in der Sendung Frauentausch

Ich möchte an dieser Stelle erwähnen, dass ich als Coach mit Silvia Wollny in RTL II zu sehen war. Silvia und ich hatten dabei kein Drehbuch, sondern sie hat wirklich aus ihrem Herzen gesprochen und wirklich in meinen Armen geweint. Es war eine offene und herzliche Begegnung, für die ich mich bedanken möchte. Das ist nicht immer der Fall und daher nehme ich solche Aufträge wie diesen nahezu niemals an. Wir leben in einer Welt der Anklagen und Lächerlichkeit. Das Zitat gerade stammt wirklich aus der Sendung „Frauentausch" und es ist auch noch von einer jungen Frau aus meiner Nachbarschaft. So humorvoll es am Anfang des Kapitels wirkt, so zeigt es doch, zu was Menschen fähig sind und wie wir uns über sie lächerlich machen.

Es gibt unzählige Talkshows seit einigen Jahren. In diesen Sendungen erklärt man uns, wie dumm Menschen sind. Aber es sind nicht nur die Menschen dumm, die öffentlich zu sehen sind, sondern auch wir Volldeppen, wenn wir uns solche Sendungen anschauen. Wie weit kommt es bitte mit einer Gesellschaft, die solche Formate entwickelt, um die Bevölkerung zu unterhalten? Es zeigt doch, was die Bevölkerung denkt und wie sie strukturiert ist. Wir lieben das Jammern und sagen immer wieder anderen Menschen, dass sie das öffentliche Leiden unterlassen sollen. Dabei schauen wir uns genau das dann im TV an. Das klingt nicht nur widersinnig, das ist es auch.

Es wird rund um die Uhr überall gejammert. Niemand hat genug von den Dingen, die er sich wünscht oder der Nachbar hat einfach mehr davon. Das alleine reicht aus, um zu jammern. In den Talkshows sind Menschen, die sich wundern, warum sie verlassen worden sind. Sie sind 200 kg schwer, psychisch krank, starke Raucher, haben vier Zähne im Mund, einen IQ unterhalb der Zimmertemperatur, sind hässlich, ungepflegt, haben unzählige Tattoos aus dem Knast und sind seit Jahren arbeitslos. Wieso verlässt ein Mensch sie nur?

Ich habe viele Klienten und Seminarteilnehmer begleitet und war viele Jahre lang vorher im Vertrieb. Wir Menschen stellen täglich neue Rekorde in Selbstbeweinung und Jammerei auf. Es ist nicht vorstellbar, wie viele Menschen sich den ganzen Tag nur beklagen. Ich kenne viele Leute, die sich den ganzen Tag ausweinen, dass es ihnen schlecht geht und nicht einmal merken, dass sie mehr Energie für das Leid aufwenden, als die Genesung benötigen würde. Sie kommen Woche für Woche, manche sogar mehrfach, nur um ihr Leid zu klagen. Das war auch als Versicherungsmensch mein Schicksal. Heutzutage berechne ich einen Stundensatz, statt im Gegenzug eine Hausratversicherung zu erhöhen, damit sich mein erlebtes Leid reduziert. Darüber hinaus erkläre ich den Menschen heute in Vorträgen, Gruppen und Einzelterminen zudem, dass sie aus bestimmten Gründen in der Falle sind (oder sich so empfinden) und dass sie dies auch wieder ändern können. Manche lernen dazu und andere begleite ich eine Zeit, in der ich es ihnen immer wieder anbiete, dass wir auch noch andere Dinge in Angriff nehmen können und nicht nur über das Leiden sprechen müssen. Wir sind als Menschen nicht verpflichtet, das ganze Leben zu leiden und nur zu vegetieren. Falls du dich in diesem Passus geärgert fühlst und wütend wirst, kann es vielleicht sein, dass du dich erwischt fühlst. Vielleicht stehst du dir gerade selbst im Weg und merkst auch, dass du gar nicht weiter willst und glaubst, du kannst es nicht. Du behinderst dich und niemanden sonst. Ich meine nicht, dass ich seriös würde, wenn ich nicht durch Provokation versuchen würde, Aktivität zu erzeugen, aus der Veränderung entstehen kann. Es ist nicht meine Aufgabe, dein Leben zu belassen, wie es ist, sondern eine neue Ordnung zu ermöglichen. Oftmals braucht es dazu neue Impulse und ein Chaos, das noch nicht da war. Nur so kann sich etwas ganz neu ordnen. Nimm es mir also ruhig übel und dann schaue, ob es dich aufwühlt und ob du etwas verändern magst.

Heike und Max waren ein gutes Beispiel für unsere Jammerkultur. Als ich noch Versicherungsvertreter war haben sie mich teilweise einzeln besucht oder kamen gemeinsam. Wenn nur Heike da war, dann erwartete sie von mir, dass ich mit ihr darüber herzog, was für ein Arschloch Max sei. Kam Max zu mir, so erwähnte er, wie "unfickbar" Heike geworden sei, sie wäre unansehnlich, schlampig und einfach nicht mehr anziehend (seine Wortwahl war derber). Er erwartete, dass ich das als Mann verstehen und nachvollziehen kann. Er suchte nach Aufmerksamkeit für sein Leid und seine Jammerei. Beiden versagte ich dies. Wenn sie gemeinsam kamen, dann waren sie zumeist gut gelaunt und ein schön anzusehendes Paar. Dann aber kam wieder ein Streit, vollkommen ohne Anlass, Sinn oder Grund. Es ging um Kleinigkeiten, die vollkommen unerheblich sind, wie die berühmte

Zahnpasta Tube, die nicht richtig verschlossen ist. Kein Wunder, dass man Angst vor Partnerschaften bekommt, wenn man solche Eltern hat. Die Beiden hatten nie Hemmungen, sich lautstark vor ihrem Kind zu beleidigen, dass es wirklich unglaublich wäre, die entsprechenden Zitate hier anzuführen. Einige dieser Ausbrüche bekam ich als immer wieder einmal anwesender Vertreter mit und sie waren immer grausame, dumme und vollkommen unnötige Jammerei.

Die Anderen sind schuld, ich jedoch nicht. Das ist eine gesunde Einstellung, wenn du krank bleiben willst. Suche immer die Fehler bei den anderen Menschen und befasse dich nicht mit dir. Entschuldige, das war ein Scherz. Das kannst du schon. Es wird Zeit, genau das zu ändern. Du kannst nicht immer anderen Menschen die Schuld geben, sondern du musst handeln. Es macht niemand sonst für dich deine Hausaufgaben, das ist dein Job.

Wenn Du immer bei den anderen Menschen bleibst, dann bleibst du auch möglichst lange unglücklich. Es ist so, dass du dich immer mehr auf dein Leid konzentrierst und alle Energie in das Leid legst. Du glaubst bald schon nicht mehr an eine Lösung und irgendwie befreit es scheinbar eine Zeit lang, sich eine Bestätigung bei anderen Menschen dafür zu holen, dass man so viel aushalten kann. Die anderen Menschen nehmen dich zwar nicht ernst, aber du bist erst einmal etwas Ähnliches wie beruhigt. Verständnis zu bekommen ist eine tolle Sache, die dich in deinem Hamsterrad hält, das innendrin aussieht, wie eine Karriereleiter. Es braucht den Blick von außen, damit du sehen kannst, was wirklich vonstatten geht in deinem Leben. Dein Jammern verlängert nur die Karriere deiner Probleme. Es geht in deiner Wahrnehmung darum, was geschieht und wer Schuld ist, dabei geht es nur um deine Bewertungen und Reaktionen. Andere Menschen machen in der gleichen Situation ganz andere Dinge, sie sind erfolgreich, wenn du scheiterst. Das nimmst du zum Anlass, um sie dafür zu hassen, statt sie zu fragen und von ihnen zu lernen, wie du es besser machen könntest.

Du lernst von einem Banker wie Andreas, wie man Geld anlegt.

Andreas hatte einmal die Aufsicht über eines meiner Investmentdepots. Er wollte mir kluge Tipps geben und sagen, was die besten Empfehlungen sein würden. Er hatte die T-Aktien seinerzeit gekauft und behalten, bis sie unter zehn Euro gefallen waren. Danach hatte er sich von ihnen getrennt, so dass er den maximal möglichen Verlust in kürzester Zeit erlebt hatte. Warum gehst du zu einem solchen Banker? Ich sage dir ganz ehrlich, was ich kann und was nicht. Das ist ganz wichtig. Helfer sollten Menschen sein, die kompetent sind und ihre eigenen Lehren und Weisheiten auch selbst erfahren haben. Gehe nicht zu einer unglücklichen Hausfrau, die in Trennung lebt, massives Übergewicht hat, raucht, ungepflegt und depressiv ist, wenn du lernen willst, wie du glücklich sein kannst.

7   Bodenständigkeit vs. Träumerei

„Es gibt zwei gefährliche Abwege: die Vernunft schlechthin abzulegen und außer der Vernunft nichts anzuerkennen."
Blaise Pascal

Sonja ist eine erfolgreiche Bankkauffrau und leitet eine Sparkassenfiliale. Sie hat es geschafft, ein durch und durch seriöses Leben zu führen, eine schöne Eigentumswohnung ihr Eigen zu nennen und ist in vielen Vereinen engagiert, bei denen ihr das Wohl der Gesellschaft wichtig ist. Sie setzt sich gerne für andere Menschen ein, denn sie trägt gerne etwas dazu bei, dass es der Allgemeinheit gut geht. Sie lebt dabei immer auf der Überholspur, trinkt viel und vergisst gerne mal die Alltagssorgen und immer mehr sich selbst.

Das führte sogar dazu, dass sie sich von ihrem Lebensgefährten Axel getrennt hat, dem in ihren Augen die Seriosität fehlt. Er ist Künstler und ein absoluter Tagträumer. Kennengelernt haben sie sich durch das Engagement für andere Menschen. Es gefiel ihr, dass er so offen und liebevoll ist. Allerdings ist es vielleicht genau das, was ihr Angst macht, Axels immer wieder schnelle und tiefe Gefühle, die er ihr mitteilt und die ihr die Luft abschneiden. Er hat als Künstler einen Draht zu sich und seinem Inneren. Sie fühlt sich herausgefordert und unter Druck gesetzt. Sie meint, sie müsse ihr

Leben an ihn anpassen. Dabei bietet er ihr an, dass er sein Leben sehr gerne an sie anpassen möchte und arrangiert sich sehr gerne mit den Besonderheiten ihres Lebens und kann sich vorstellen, seinen Beruf so auszuüben, dass sie ihre Karriere verfolgen kann, wenn sie es möchte.

Axel hat sein Leben einmal komplett über den Haufen geschmissen. Das war sehr schwer für ihn, aber er konnte nicht mehr so weiter wie bisher. Er war am Boden zerstört, tief depressiv und unglücklich, aber hatte den Mut und die Kraft, es aus eigenem Antrieb noch einmal ganz neu zu schaffen. Er hat noch nicht alles wieder in geregelten Bahnen und muss noch einige Dinge klären, aber er ist auf einem guten Weg und die Kunst befreit ihn zudem noch. Sonja macht es Angst, weil sie die großen Gefühle nicht aus ihrem eigenen Beziehungsleben kennt und sie als Kind keine ehrliche Beziehung der Eltern erlebt hat, die auf ganz hässliche Art trennten, als sie noch klein war. Sie kann nicht glauben, dass er so etwas ernst meinen kann. Er will sicherlich nur irgendetwas von ihr und meint das nicht ernst. Aufgrund ihrer Stimmungsschwankungen ist sie manchmal in der Lage, ihm zu folgen und dann will sie nur noch weg, denn er kann es nicht ernst meinen. Sie lenkt sich gerne von den wahren Gefühlen ab, die ihr Angst machen und will nicht in sich hinein spüren. Dort könnte sie merken, dass sie ihre Sehnsüchte erfüllt finden könnte durch Axel. Das scheint jedoch Lug und Trug zu sein, weil es nicht möglich sein kann, da sie keine gesunde Prägung erlebte.

Für Sonja ist es so, dass sie seriös ist. Das bedeutet für sie Sicherheit. Das falsche Konzept der Sicherheit ist es, das uns oftmals ganz massiv belastet und uns das Leben schwer macht. Wir werden nicht darauf trainiert, dass wir dem Leben offenen Herzens begegnen und flexibel reagieren, sondern wir versuchen, alle Risiken auszuschalten. Wir möchten am Liebsten nicht mehr leben, damit uns ja nichts geschehen kann. Letzten Endes ist es die Folge, dass wir ein Leben führen, dass diese Bezeichnung nicht tragen darf. Wir haben keine Freude mehr, sondern brauchen Ablenkung, Beschäftigung und Karriere, Drogen und Lust. Wir sind Sklaven unserer fehlenden inneren

Schönheit, Liebe und Kraft. Ständig sind wir auf der Überholspur und beeilen uns, noch schneller zu werden. Wir nennen es Sicherheit und es ist Gewohnheit, Ablenkung, Krankheit, Angst und Flucht. Wir laufen weg und denken, wir kommen dadurch in Freiheit. Niemand wird frei dadurch, dass er sich entzieht.

Axel hat gelernt, dass er in einer Art Utopien gelebt hat durch die Routine, die er hatte. Er hat gelernt, dass das Konzept der Sicherheit nicht funktioniert und versucht nun, einen neuen Weg zu gehen. Dieser Weg soll ihn mit seinen Gefühlen verbinden und es tut ihm gut. Durch Sonja spürt er jedoch, dass er gerne wieder etwas mehr von seinem Leben aufgeben würde, denn er mag einen Teil ihrer Bodenständigkeit. Sonja hat hingegen

Angst vor der wahren inneren Freiheit und den Offenheiten dieses Mannes. Diese können nicht gesund sein, denn sie sind so anders. Dabei ist das andere Leben vielleicht das, was bei ihr richtig und gut sein kann. Es mag sein, dass sie hier einen gewissen Impuls fühlt, sich aber aufgrund der gelernten Prägungen nicht öffnen kann und in einer Schleife gefangen ist, die ihr eine scheinbare Sicherheit gibt.

Manchmal fühlen wir uns so geborgen und sicher in unseren Problemen, dass wir keine Lust mehr haben, uns aus ihnen zu befreien. Unsere Probleme beschützen uns davor, tiefe Ängste erfüllt zu sehen. Dabei schaffen sie jedoch ein Gefängnis, das uns nicht sicher macht, sondern unfrei. Freiheit und Sicherheit sind

Gegensätze. Du kannst nie vollständig frei und komplett sicher leben.

Es wäre eine Empfehlung für Axel und Sonja, miteinander darüber zu sprechen, was genau sie erlebt haben und wie ihre Ängste und Sorgen sind. Wenn sie sich die Sorgen erzählen und die Bedenken gegenseitig offenlegen sowie von ihren Herzenswünschen sprechen, dann kann es sein, dass sie einen Weg finden. Das können wir alle, indem wir uns erst einmal uns selbst öffnen und dann aufeinander zugehen. Wenn wir mit einem anderen Menschen zurechtkommen wollen, dann müssen wir bereit sein, die eigene Wirklichkeit und Wahrheit zu sehen. Es bleibt uns kein anderer Weg, als der nach innen zum eigenen ich. Es ist eine schöne Reise und wir werden uns nun Schritt für Schritt dorthin begeben. Bis hierhin war es wichtig, die Quellen und Ursprünge aufzuzeigen, aus denen unsere Probleme entstehen, aber wir wollen zu uns finden und uns nicht nur einfach arrangieren und unterdrücken, damit wir in uns nicht weiter kommen. Wir haben es alle verdient, bei uns anzukommen, daher möchte ich dir nun nach und nach zeigen, welche Veränderungen wichtig für dich sein werden.

8   Mut zur Nacktheit

*"Wenn wir ein Mittel gegen die
»Sucht« finden sollten, so wird es nur
die Weisheit sein."*
Alexander Golfidis

Thomas hat nicht viel Wein getrunken, zumindest in seiner Wahrnehmung. Er hatte doch nur hin und wieder einmal Lust auf ein Glas. Wenn dieser dann besonders lecker war, hat er auch schon einmal mehr davon konsumiert. Manchmal waren es dann auch eine oder zwei Flaschen. Gelegentlich war es Bier oder es kam ab und an zu hochprozentigen Sachen. Er hat nicht bemerkt, was wirklich geschah. Nach und nach war er schnell in der Alkoholfalle. Er hatte jeden Abend ein Bedürfnis, Alkohol zu trinken und verlor sich lange Zeit darin.

Alkohol, Zigaretten, Sexsucht und gewisse andere hedonistische Freizeitbeschäftigungen werden fast vollständig gesellschaftlich toleriert. Selbst die Spielsucht erscheint uns nicht problematisch, da sogar der Gesetzgeber am Lotteriegeschäft in fast jedem Land maßgeblich kassiert. Dabei nicht nur an den normalen Steuern, sondern auch an besonderen Steuern oder gleich auch noch als Betreiber des Glückspiels selbst.

Wir sehnen uns danach, den Grund unseres Herzens und unser wahres Ich zu kennen. Dabei haben wir immer Masken auf. Bei anderen Menschen stößt es uns ab, eine Maske zu sehen oder das, was wir dafür halten. Bei uns dient es dem Selbstschutz. Das ist zumindest unsere Meinung. Hinzu kommt, dass wir meinen, unsere gute Laune ginge niemals verloren und wir erzählen allen Menschen, dass wir immer lachen könnten. Auch dann, wenn uns nicht nach lachen zumute ist, meinen wir es zu müssen. Unser Körper braucht aber das, was wir heute in der Kosmetik Detoxing nennen. Diese Entgiftung können wir durch viele Dinge unterstützen, aber er kann es grundsätzlich durch die Organe, beispielsweise die Lymphe oder die Verdauung und das Weinen. Auch ein Schrei kann hilfreich sein, ein Lauf von einigen Kilometern, eine Rad- oder Bergtour. Manchmal brauchen wir diese Dinge, jeder auf seine persönliche Art. Dumm ist, das wir uns daran hindern oder sogar meinen, wir hätten nicht die Zeit dazu.

Wie schaffen wir es denn, unsere Masken abzulegen und unsere Süchte in den Griff zu bekommen? Es geht am besten auf die harte Tour, indem wir sie einfach weglassen. Du kannst mir glauben, dass es wirklich Mut dazu braucht, aber das ist dir vollkommen klar. Dieser Hinweis war sicherlich ein Grund, dir an den Kopf zu fassen oder zu denken, ich spinne. Aber du weißt wahrscheinlich, dass ich Recht habe. Wenn du dich ablenkst und betäubst, wirst du keine Realität kennenlernen. Mit deiner Maske zeigst du nicht das wahre Gesicht, bis du mutig bist und sie abnimmst. Du erlebst nicht, ob dein Auto gestohlen würde, wenn du es abschließt. Dann lässt du es zufällig offen stehen und es geschieht nicht einmal etwas. Manchmal ist es abgeschlossen und die Scheibe, die 800 € kostet, wird eingeschlagen, damit das billige Navi geklaut und für 30 - 50 € verkauft werden kann. Du kannst dich nicht finden, wenn du nicht auf dich zugehst. Zur Natur geht es nur zu Fuß, auch zu deiner inneren Natur und deinen Werten, deinem inneren Selbst und deinen wirklichen inneren Schätzen.

Ja, an dieser Stelle kommt die Ansage, die dir nicht gefallen wird: Du wirst in deinem Leben einiges ändern müssen. Warum eigentlich? Wenn du immer das gleiche machst, wirst du immer das gleiche Ergebnis bekommen. Sähst du Weizen, dann werden niemals Zwiebeln dort wachsen, egal wie viel Mühe du dir geben wirst. Du solltest ab hier ehrlich sein, dass du mehrere Möglichkeiten hast, dich abzulenken und darin sicherlich Profi bist. Aber du hast nur eine Möglichkeit, zu dir nach innen zu kommen. Du musst aufrichtig hinschauen und die Ablenkungen weg lassen.

Schaue einmal, wie du dich ablenkst:

- Schaue, ob du mehr arbeitest als nötig und reduziere es.
- Welche Süchte, Rauschmittel, Medikamente und andere Substanzen sind es, die dich ablenken?
- Gibt es destruktive Kontakte und Beziehungen?
- Jammerst du immer und beschwerst dich oft?

- Hast du ein Hobby, das zum Laster wurde?
- Was sind noch Themen, um dich abzulenken und nicht auf dein wahres Ich im Inneren zu schauen?

Je besser du aufräumst, desto intensiver das ehrliche Ergebnis und Erlebnis.

Es ist wichtig, diese Quellen möglichst rasch auszuschalten, wenn du dich auf den Weg zu dir machen willst. Du bekommst nur dann optimale Ergebnisse, wenn du die richtigen Voraussetzungen hast und du siehst nur im klaren See ein Spiegelbild von dir. Es ist daher wichtig, den See deines Lebens zur Ruhe zu bringen, damit die Wogen sich glätten können.

Das entspricht dem Unterschied zwischen Ruhe und Erschöpfung. Sich eine Auszeit nehmen ist schön, vollkommen energielos sowie teilnahmslos zu sein ist nicht ausruhen, sondern nicht mehr können. Es geht um die Ruhe im Innen und Außen, die du nach und nach erreichen musst, um bei dir anzukommen. Sicherlich gehst du zuerst einmal einen Weg, der anstrengt und dich fordert. Dies unterdrückst du gerade, indem du mit Ablenkung davor weg läufst. Dadurch wird nichts in deinem Leben besser. Das weißt du und du machst nichts dagegen.

Warum wirst du nicht aktiv? Wenn dein Leben ohne Süchte, Medikamente und Ablenkung nicht lebenswert genug ist, dann liegt das nur an dir und niemandem sonst. Daran wirst du arbeiten müssen, oder nicht zu dir finden. Wahrscheinlich bist du dumm, faul oder es ist dir einfach egal. Harte Aussage, oder? Eines davon wird allerdings zutreffen, mindestens eines davon.

Bist du vielleicht dumm? Ich denke nicht, dass es so ist, dass du ein dummer Mensch bist. Dummheit ist meist nicht das Problem. Wir sind alle recht intelligent und es nutzt nichts, die Dinge zu verstehen, die uns belasten. Durch das Verstehen hört niemand auf, seine Sucht auszuleben, sich von einer destruktiven Beziehung zu lösen oder die Belastung durch einen frühkindlich erlebten Konflikt innerlich als immer noch schmerzlich wahrzunehmen. Es nutzt nichts zu verstehen, dass rauchen ungesund ist.

Jedem Raucher ist das klar. So ist es mit ganz vielen Themen. Wir wissen es besser, aber wir können es nicht, weil wir nichts unternehmen.

Nun könntest du faul sein und einfach zu bequem. Doch meist trifft auch das nicht zu. Wir haben alle ganz viel Energie, auch du. Wir nutzen sie meist gegen uns, statt sie für uns zu verwenden. Wir investieren eine unglaubliche Menge an Energie in das Erleben von Trauer, Wut und Ärger, die uns noch immer mehr davon bescheren. Wir leiden und investieren Kraft in unser Leid. Jeden Tag kostet es uns Kraft, sich auszuweinen. Das funktioniert, weil wir dadurch Aufmerksamkeit bekommen. Daher sind wir immer wieder bereit, unsere Probleme einem gewissen Kreis zu offenbaren. In vielen Therapien werden Menschen genötigt, immer wieder ihre Probleme zu erzählen oder aufzuschreiben. Manche Therapeuten haben einfach den Knall noch nicht gehört und sind vollkommen weltfremd. Niemand muss immer wieder erzählen, wozu er nicht bereit ist. Jeder Mensch soll das erzählen dürfen, was wichtig ist und dann nicht unendlich immer wieder die gleichen Erzählungen wiederholen müssen. Zudem gilt es, die Ablenkung herunterzufahren, um zuerst einmal das wahre Leid und dann daraus die eigene Kraft zu finden. Diese Kraft sollte nicht aus der Bestätigung des Leids, sondern aus der wahren Quelle empfangen werden, denn da ist sie trügerisch und zerstörerisch.

Du bist nach aller Wahrscheinlichkeit einfach nur faul und bequem und sonst nichts. Das ist bereits Alles. Dummerweise ist das die Antwort, die dir am allerwenigsten gefällt, sie ist jedoch leicht erklärt. Du bist deswegen faul, weil du Angst hast. Jede Veränderung ängstigt uns, das ist vollkommen normal. Es geht daher darum, die eigene Nacktheit kennenzulernen, zu dir zu finden und dann den Mut zu haben, aktiv zu werden. Das ist die wichtige Voraussetzung, um weiter zu kommen. Achte bitte je nach Thema auf die richtige Begleitung bzw. Betreuung und darauf, welche Rahmenbedingungen und Vorsichtsmaßnahmen wichtig sind. Es gibt für jeden Bereich Fachleute, die Hilfestellung leisten können. Achte das, was dich im Moment noch gefangen hält und gib dir eine Chance, es zu erkunden. Du wirst es wertschätzen und verwandeln können. Mache dich auf die Suche und du wirst bald spüren, dass du nur in deiner Vorstellung gefangen bist. Vielleicht erinnerst du noch den Elefanten, der sich nicht befreien kann, auch wenn er die Kraft dazu hätte. Lerne dich einmal neu kennen, erkunde deine wahre heutige Kraft und dann teste die Seite, die dich scheinbar festhalten. Lerne sie kennen und schaue, wie sie woran befestigt sind.

9 Das Herz ent-Sorgen und die Kunst des Ent-Schuldens

„Es gibt Wichtigeres im Leben, als beständig dessen Geschwindigkeit zu erhöhen."
Mahatma Gandhi

Komm mir nahe, aber nicht zu nahe. Geh weg, aber nicht zu weit weg. In jeder Beziehung ist es wichtig, Nähe, Distanz und Geschwindigkeit variieren und darüber sprechen zu können, was wer gerade braucht. Das gilt für Liebesbeziehungen, Partnerschaften aller Art und natürlich auch für die Beziehung zu sich selbst. Dabei ist die Geschwindigkeit wichtig, mit der man an seine Themen geht und mit der man die Veränderungen erarbeitet.

Angemessene Schritte sind eine wichtige Sache. Am Anfang ist es ratsamer, langsam und stetig etwas zu tun und dann erst später das Tempo zu erhöhen, wenn es weiter geht. Man lernt in einer guten Kampfsportausbildung, dass man die Bewegungen auf die richtige Art und nicht möglichst schnell ausführen sollte. Dazu lernt man, Ausdauer zu entwickeln. Nimm bitte Hilfe in Anspruch, wenn es an einer dieser Herausforderungen scheitert. Nicht nur ich gebe Seminare, mache Gruppen- und Einzelarbeit. Es gibt sehr viele gute Kollegen, die vielleicht die passende Hilfe leisten. Schaue, wer dich anspricht und vereinbare einen Schnuppertermin, wenn du nicht vorankommst. Zudem helfen dir vielleicht Yoga, Tai Chi Chuan oder Qi Gong, diese Kraft zu spüren und den

Sinn der langsamen und stetigen Entwicklung wahrzunehmen. Veränderung mit Gewalt ist nicht sinnvoll und ohne Ausdauer ist sie gar nicht möglich.

Wenn du nach und nach die wichtigen Energieräuber und ablenkenden Dinge in deinem Leben ausschließen kannst, dann ist das gut. Du wirst dabei immer mehr Kraft spüren. Ändere zuerst nicht das größte Problem in deinem Leben, sondern beginne in kleinen Portionen damit, etwas in deinem Alltag zu verändern. Vielleicht erstellst du eine Liste, der Dinge in deinem Leben, die dich belasten und dann skaliere sie. Diese Liste ist vielleicht nicht vollständig, aber das ist nicht wichtig. Es geht nicht darum, nichts zu vergessen, sondern das aufzuschreiben, was dir bewusst ist. Sonst wirst du wieder nur die ganze Arbeit hinauszögern. Jeder Eintrag sollte dann einen Wert von 1-10 zugewiesen bekommen, der die Intensität des Leids bezeichnet. 1 ist dabei noch recht entspannt, 0 wäre nicht vorhandenes Leid, 10 maximaler Stress.

Nun suche dir eine Aufgabe, die du erledigen könntest und die noch machbar scheint. 10 ist dabei mehr als mutig und vielleicht arg übertrieben. 1-2 wäre vielleicht etwas arg wenig, könnte aber manchmal gerade so möglich sein. Versuche es, dass du etwas nimmst, womit du noch umgehen könntest, aber was dich auch angemessen fordert. Nicht die unlösbar scheinenden Dinge sind gut für den Anfang, aber auch nicht absolute Banalitäten.

Ent-Sorgen ist wichtig für dich. Es ist vollkommen okay, dass deine Sorgen gehen dürfen. Dazu braucht es aber das ent-schulden. Es geht nicht darum, weiterhin Schuldfragen zu stellen. Das bedeutet aber nicht, dass du nicht die Zusammenhänge sehen darfst oder solltest. Es geht nur darum, dass es dir nicht hilft, auf einen anderen Menschen böse oder wütend zu sein. Es macht dich nicht glücklich, zu wissen, wer dich angeblich verletzt hat. Daher überlege dir am besten, wem du vergeben kannst, wenn du deine Liste abarbeitest. Je mehr du anderen Menschen vergeben kannst, desto besser kannst du dir selbst vergeben und auch andere Menschen werden das ebenso können. Nachfolgend ein religiöser Exkurs.

Und vergib uns unsere Schuld, wie auch wir vergeben unsern Schuldigern.

Das Vaterunser sagt es ganz klar. Vergib uns unsere Schuld ebenso wie wir unseren Schuldigern vergeben. Jede Religion sagt, dass unsere Gottheit in uns zu finden ist. Wenn uns also Gott, egal wie wir ihn nennen und wie wir in welcher Art und Weise an ihn glauben, um Vergebung bitten, dann bitten wir uns selbst um Vergebung. Ebenso vergeben wir allen, die uns gegenüber schuldig sind. Wir alle haben Schuld auf uns geladen. Wir dürfen davon loslassen und beten dafür. Und dann unternehmen wir nichts, weil wir beten und ein höheres Wesen uns befreien soll, an das wir nicht glauben. Dabei ist dieses Wesen in uns selbst. Darum geben wir einen Auftrag nach außen, der nur innen zu bearbeiten ist – in uns.

Es wird Zeit, nicht mehr zu beten und darauf zu warten, dass ein fiktiver als Wesenheit existierender Gott alle deine Sorgen löst. Du glaubst nicht an dieses Wesen, aber in deiner Verzweiflung nimmst du alles, was du kriegen kannst. Dabei vergisst du, dass die wichtigen Bausteine der Erkenntnis in dir sind und dein Körper dir gerade zeigt, was wichtig ist und wo noch Dinge zu erledigen sind. Das macht die Seele ebenso. Achte doch mal auf den Volksmund, wenn du Beschwerden hast. Manchmal „verdaut" man Dinge schlecht oder es ist „ein Kloß im Hals". Wir wissen, was mit uns los ist und der Körper hilft uns, es zu erkennen. Achte auf dich und das, was dich scheinbar bremst. Finde eine gute Geschwindigkeit, um die wichtige Energieräuber und Störenfriede zu erkennen und in einen anderen Kontext zu bringen, wodurch du beginnst, sie aufzulösen.

10 Warum es gut ist, dass Du nicht wichtig bist

"Wärst Du genauso verletzend wie andere vor Dir, hätte ich nicht solche Angst."
Damaris Wieser

Kennst du es, dass du verletzt bist, weil du meinst, dass man dir geschadet und Böses zugefügt hat? Wenn ich dir jetzt sage, dass du gar nicht so wichtig bist, wie du glaubst und Narzissmus dein Problem auslöst, was ist dann? Ich glaube wirklich, dass deine Arroganz dein Problem erschafft. Du meinst wirklich, dass du so verdammt wichtig für diese Welt bist, dass Alle dich verletzen wollen und es allen Menschen nur darum geht, dir Leid zuzufügen. Provokante Theorie? Nein, absolute Wahrheit. So wichtig bist du gar nicht. Wenn du das erkennst, dann geht es dir deutlich besser, was ich dir gerne erklären werde.

Übrigens: Zudem denkst du auch noch, dass es eine Art Verschwörungstheorie gibt, deren Opfer du bist. Das ist die „Keiner hat mich Lieb" Trance, die vollkommener Schwachsinn ist. Darauf wurdest du aber bedauerlicherweise konditioniert. Du hast nie gelernt, wie du mit deinen Sorgen und Nöten umgehen kannst, wie man Angst in den Griff bekommt, offen kommuniziert und sich sowie anderen Menschen liebevoll begegnet. Du hast stattdessen von Anfang an gelernt, dich auf deine Schwächen zu konzentrieren. Du bist geschult darin, dass du dich immer wieder kritisch ansiehst, selbst in Frage stellst und ohnehin niemals gut genug bist. Die Welt ist der böse Ort mit diesen aggressiven Menschen, die alle nur dir Leid zufügen wollen. Hat gut funktioniert, diese Suggestion. Das glaubst du wirklich und damit bist du in einer kollektiven Trance, denn das glauben nahezu alle Menschen. Man denkt wirklich, es gäbe das Finanzamt und das Ordnungsamt oder den laut Musik hörenden Nachbarn nur, damit du leidest.

Du bist nicht so wichtig, dass die Welt dich fertigmachen will. Niemand von uns ist so wichtig. Daher sind deine Probleme gar nicht da, wenn du endlich einmal beginnst, genau das zu verstehen. Du musst nicht alle Last ertragen, du bist nicht blöd und du bist auch nicht das Opfer, auf dem die ganze Welt herumtrampelt, wenn du das nicht willst. Aber es hat was, oder? Denn du machst das schon lange und hast richtig viel Übung darin. Du hast dich an diese falsche Welt so sehr gewöhnt, dass du nicht mehr anders glauben kannst/magst.

Kennst du es, was Frauen sich morgens im Badezimmer an Folter zufügen? Entweder bist du eine Frau oder du hast zumindest schon einmal deine Mutter im Bad erlebt. Frauen haben Werkzeuge im Bad, die im Mittelalter sicherlich verboten waren. Ohne dies scheinen sie kein Gesicht zu haben. Darüber hinaus betrachten sie sich morgens im Spiegel so, dass sie sich falten erquetschen, selbst wenn keine da sind. Irgendwann sieht etwas aus wie Cellulite, wenn man fest genug drückt. Danach geht es auf die Waage, am besten noch mit Details zu Körperfett und anderen Dingen. Verstehst du jetzt, warum Frauen sich im Bad fertig machen, woher dieser Ausdruck stammt und was Folterkammer in diesem Zusammenhang bedeutet?

Was ist da sonst noch falsch gelaufen? Du hast Erfahrungen gemacht, die dich verletzt haben und dann nicht entsprechend bearbeitet. Du hast ja keine Ahnung, wie man das macht und daher hast du auch nichts unternommen. Diese Psycho Onkels, Coaches, Berater und was es nicht Alles gibt, sind eh nur Spinner und haben keine Ahnung. Dann hast du das Leid wiederholt erlebt und ebenso nichts unternommen, weil du keine Ahnung hast, was man dagegen unternehmen oder damit Neues erkennen und erreichen könnte. Dadurch hast du deinen Tunnelblick. Natürlich kannst du nicht an Glück glauben, das von innen kommt, wenn dein Leid scheinbar von außen zugefügt wird. Wenn dein Leid von außen einwirkt, dann muss ja auch die Lösung von außen kommen. Daher gehst du zum Arzt, der dir Medikamente verschreibt. Danach sehnen wir uns alle, denn das ist eine willkommene Medizin und wir brauchen nichts zu unternehmen. Ob es um Psychopharmaka geht, Kopfschmerztabletten oder viele andere Präparate, es ist oftmals unglaublicher Unsinn. Du glaubst wirklich, dass es reicht, Symptome zu unterdrücken, um Probleme zu lösen. Du hättest vielleicht nicht das gefährliche und billige Holzschutzmittel nehmen und nicht das nach Weichmacher stinkende Plastikzeugs kaufen sollen. Das hätte deine Kopfschmerzen vermieden. Danach fragt kein Arzt und vieles gibt es ohne Probleme in der Apotheke ja auch ohne Rezept.

Symptome zu reduzieren ist erst sinnvoll, wenn du verstanden hast, was du unternommen hast, um ein Problem bzw. eine Gesundheitsstörung entwickelt zu haben. Wichtig ist, was du selbst unternehmen kannst, wie du dein Leben in aufmerksamer Balance führst und wie du wachsen kannst. Wenn du das mit dem Holzschutzmittel nicht verstehst, dann wirst du mehrere Tage oder gar Wochen von den Kopfschmerzen haben und immer wieder Tabletten schlucken. Das führt dazu, dass deine Nasenschleimhaut und andere Teile des Körpers ebenso nachhaltig angegriffen werden und du auch bald aufgrund der Schmerzmittel noch ein Magenproblem hast, gegen das du auch etwas einnimmst.

Es ist wichtig, dass du anerkennst, dass jeder Mensch in sich Programme hat, die ablaufen und diese nichts mit dir zu tun haben. Deine Frau verlässt dich nicht, weil „du es nicht mehr bringst", sondern weil sie etwas Anderes will. Das ist meist nicht so oberflächlich, wie du glaubst, sondern hat oftmals tiefere Ursachen. Sie wurde ebenso konditioniert wie du und hat ihr Leid erfahren, dass sie nicht bearbeiten konnte. Nun kann sie ebenso wenig kommunizieren wie du und weiß nicht, wie vorzugehen wäre. Daher wird sie so reagieren wie du und sich eher zurückziehen, alle Menschen für böse halten und es wird irgendwann vorbei sein.

Es laufen überall ähnliche Programme, die wir unterbrechen müssen. Es braucht einen Virus direkt aus unserem Herzen. Unser Verstand ist Werkzeug und nicht Wahrheit. Es geht nicht darum, die Weisheit zu lieben, sondern die Wirklichkeit. Nicht die Philosophie ist es, die zählt. Sie bedeutet die Liebe zur Wissenschaft und zum Verstand. Wenn du einen Sonnenaufgang siehst und darüber nachdenkst, dann ist deine Beobachtung zu Ende. Siehst du einfach nur hin, dann spürst du die unbewertete Schönheit direkt in deinem Herzen. Der Verstand ist destruktiv und nutzlos, wenn er uns die Gefühle zeigen soll. Lass das Herz diesen Job übernehmen und nimm wahr, was da ist und nicht das, worauf du geprägt wurdest. Frage dich, was Konditionierung ist und was Wirklichkeit. Du wirst sehen, die Dinge sind ganz anders, als du sie manchmal vermutest.

11   Halt einfach den Mund

"Stille macht uns Angst.
Angst macht uns stille."
Erhard Blanck

Du kannst nicht einfach mal den Mund halten, oder? Warum eigentlich nicht? Wir hatten es doch schon einmal mit dem Leid im Kapitel über das „Jammer TV". Hast du mittlerweile das Jammern aufgehört oder zumindest eingeschränkt? Es ist jetzt ein ganz wichtiger Schritt, den Mund zu halten und das Jammern zu beenden. Weißt du, was geschieht, wenn du den Mund halten kannst? Du kommst in eine tiefe Verbindung mit dir selbst. Solltest du bereits die äußeren Ablenkungen und Süchte reduziert oder aufgegeben haben, so ist es nun Zeit, die Stille zu finden und sie aushalten zu lernen. Du hast bereits erkannt, dass du ein Selbstbild hast, das nicht stimmt und dies mit einer massiven Prägung zusammenhängt. Darüber hinaus hast du gelernt, was Liebe ist und was sie nicht ist. Viele falsche Konditionierungen hast du kennengelernt, typisch deutsche und die von Männern und Frauen. Danach sprachen wir über die Kultur des Jammerns, Bodenständigkeit und das Träumen. Danach ging es auf zur Lösung der Probleme und zu den Strategien. Wichtig ist, dass du den Mut findest, nackt zu werden und Süchte abzulegen, ent-sorgst und ent-schuldest, damit du immer mehr zu dir kommst. Dann ging es darum, dass es so ist, dass du nicht so wichtig bist, wie du glaubst und es keine Verschwörung gegen dich gibt. Nun wird es wirklich wichtig, den Mund zu halten und nach innen zu schauen. Keine Sorge, es wird noch anstrengender.

Es wird Zeit, dass du lernst, dich auszuhalten. Die vorherigen Erkenntnisse und Erfahrungen haben dich sicher sehr aufgewühlt, aber du bist bis hierhin gekommen. Wenn du das geschafft hast, geht es auch weiter. Selbst dann, wenn du erst einmal „nur" liest und es später durcharbeitest. Du hast sicher viele wichtige Erkenntnisse bereits gesammelt und daraus erste Änderungen erlebt. Es geht nun einen Schritt tiefer. Es ist soweit, dass du in dir die Stille erkennst und dein Leid langsam aber sicher beendest. Nun ist aber die Stille vollkommen ungewohnt in unseren Breitengraden. Das Leben ist laut, wir sind immer von Lärmquellen umgeben, haben einen lauten Straßenverkehr und schlechte Nachrichten um uns herum. Wir haben permanenten Stress und sollen still sein. Die Welt ist nicht still, aber wir sollen zur Ruhe kommen. Das ist doch kaum möglich, oder?

Du lässt dich außen krank machen, aber du kannst nur in dir Heilung finden. Auch wenn das nun gerade esoterisch und abgehoben klingt, das wirst du recht schnell verstehen können. Was dich krank macht, das ist nicht der Ärger in deinem Leben. Auch die Angst kann eine ganz wunderbare Sache sein. Jede Art von Schmerz und Leid ist ein Geschenk, genau wie Ängste und Krisen. Stress macht dir übrigens auch nur ein einziger Mensch: Du selbst. Übergewicht und eine Trennung sind nicht das Problem, sondern nur das Symptom. Daher können dir auch nicht andere Menschen den Weg zeigen, sondern nur du selbst kannst ihn finden. Oftmals merken wir die Signale unseres Körpers, aber wirr hören nicht hin. Kannst du dich noch an die Kopfschmerztabletten erinnern? Hier ging es darum, dass wir das Holzschutzmittel oder die billigen Plastiksachen weiter benutzen, statt Konsequenzen zu ziehen. Wir haben ja Medikamente, die das scheinbar ausgleichen, leider aber auch noch Nebenwirkungen haben. Dagegen gibt es aber sicher auch etwas.

Jetzt kommen wir zu einer erschreckenden Erkenntnis: Der Körper kann nicht krank werden, denn er hat keine Entscheidungsfreiheit. Du willst jetzt vielleicht das Buch wegwerfen, oder? Es ist so. Dein Körper spiegelt nur den Zustand deines Bewusstseins und deine Bewertungen wider.

Er spiegelt nur den entsprechenden Bewusstseinszustand wider. Alle Funktionen des Körpers werden aus dem Bewusstsein gesteuert. Wir begeben uns in die Polarität, unterscheiden zwischen Gut und Böse und das reguliert unser Wohlbefinden. So entgleisen unsere Körperfunktionen und wir entwickeln keine gesunde Balance. Das führt zu Erkrankungen von Körper und Seele, die sich immer weiter gegenseitig triggern. Genau so entstehen Leid und Krankheit in deinem Körper. Lerne dich also kennen, wenn du es vermeiden willst, in der Spirale der Krankheit und des Leids gefangen zu bleiben.

Ent-täuschung ist etwas Wunderbares. Wir projizieren unsere Wünsche nach innerer Heilung auf die Außenwelt und erwarten dann, dass diese Menschen und das geben, was wir uns wünschen. Das ist nicht die Aufgabe eines Anderen, sich um dich und dein Leben zu kümmern, nicht einmal von Eltern und Partnern. Wir sind selbst für uns verantwortlich und dafür, wer uns täuscht und wie wir Täuschung wollen und erwarten, die dann endet. Daher das Wort Ent-täuschung.

Lerne die Stille in dir kennen und lerne, sie zu nutzen. Sie macht dir sicherlich anfangs Angst. Aber das kann sein, wie ein 5 Meter Turm im Schwimmbad. Wenn du es ausprobiert hast, willst du es wieder haben, auch wenn es dich vorher ängstigte. Es ist nicht anders möglich, denn nur aus der Stille heraus entsteht wirkliche Erkenntnis. Egal, ob wir wissenschaftlich oder esoterisch vorgehen, die Kraft im am Stärksten an der Quelle. Und deine Quelle ist tief in dir, sie ist das Göttliche, deine Matrix oder die Basis, aus der die Atome deines Körpers gestaltet sind. Je weiter du an die Quelle gehst, umso kraftvoller wird das Ergebnis. So ist es immer im Leben, daher ist es wichtig, sich mit deiner eigenen Quelle zu verbinden und eine Technik zu lernen, die dich die Stille erfahren lässt, bis du frei und offen meditieren kannst. Es gibt viele Angebote dazu, wie beispielsweise:

- Autogenes Training
- Progressive Muskelentspannung
- Achtsamkeitstraining
- Quantenheilung
- Tai Chi Chuan
- Yoga
- Qi Gong
- Meditation

Suche dir passende Angebote und probiere sie aus. Du wirst mehr Ruhe in dir finden können und lernen, frei zu meditieren. Dabei ist nicht die Dauer wichtig, sondern die Regelmäßigkeit, was wirklich unglaublich schnell funktioniert. Bei mir gibt es immer wieder

Schnupperkurse, um die einzelnen Angebote kennenzulernen. Das gibt es auch bei anderen Kollegen, daher schaue dich aufmerksam um und achte darauf, was dir bekommt. Empfehlungen können Wegweiser sein, sie sind keine Wahrheit. Was für dich gut ist, ist deins und muss von dir erfahren werden.

12 Gib Deine Hoffnung auf

„Eines Tages wird alles gut sein, das ist unsere Hoffnung. Heute ist alles in Ordnung, das ist unsere Illusion."
Voltaire

Du hast noch die Hoffnung, dass Alles wieder gut wird, die Ehe noch zu retten ist und der Chef noch merkt, wie toll du bist. Das lässt dich weiter machen und gibt dir scheinbar Kraft. Dabei ist das totaler Mist. Den lieben Gott kannst du ab jetzt auch vergessen. Der ist ein Märchen, das die Kirche erfunden hat. Nicht Gott meine ich, sondern der LIEBE Gott ist das Märchen. Gott ist, wie vorher schon einmal beschrieben, in uns allen, was jede Weltreligion sagt. Das

Christentum hat nun einen Gott erschaffen, der lieb und brav ist. Wer hat aber dann den Teufel erfunden oder geschaffen und warum macht so ein lieber Gott so böse Dinge? Viel auf einmal, oder? Wir gehen einmal Schrittweise vor.

Ich möchte dich ermutigen, deine sinnlose Hoffnung aufzugeben und stattdessen aktiv zu werden. Kommt es dir jetzt schon freundlicher vor? Wir hoffen auf so viele Dinge in unserem Leben und merken gar nicht, dass sich diese Dinge so nicht erfüllen. Was nutzt es, dass du nichts unternimmst und darauf hoffst, dass dein Chef schon erkennt, wie super du eigentlich bist? Das wird sicherlich nichts bringen. Es ist sinnvoll, Dinge zu materialisieren und das Gesetz der Anziehung zu nutzen, aber man hat vergessen, dir dabei zu sagen, dass diese Dinge immer einen Preis haben. Wenn du Brötchen möchtest, wird das ohne Geld nicht gehen. Auch in einer Kommune, in der Alles ohne Geld abliefe, erbringt jeder eine Leistung. Du wirst immer wieder eine Polarität aufheben müssen, damit es zu einem Ergebnis kommt. Es geht nicht, dass du gar nichts machst und dir alles zufliegt. Es gibt dabei eine Ausnahme: Du zeigst anderen Menschen, wie reizvoll es ist, nichts zu unternehmen oder zu denken. Wenn das dein Talent ist, welches du einbringst, dann ist selbst Nichtstun produktiv und macht dich erfolgreich.

An sich ist Nichtstun das Produktivste überhaupt. Das nennt man im Buddhismus „Wu Wei" und es bezeichnet das aktive Nichthandeln oder das offene Erwarten, auf das man zugeht. Es bedeutet jedoch nicht, dass man einfach in der Ecke sitzt und meint, man würde ohne Essen, Trinken und Toilettengänge überleben. Das wird wahrscheinlich nicht funktionieren. Das ist aber genau das, was falsche Hoffnung ohne Aktivität uns glauben lässt. Das Wu Wei ist dabei besser aufgestellt, denn es sagt, dass wir uns bewusst werden sollen und dann offen dafür sind und darauf zugehen. Wenn wir Weizen sähen, werden wir Weizen ernten. Auch das hatten wir schon vorher. Der Weizen benötigt jedoch auch Aufmerksamkeit und Pflege, sonst gedeiht er nicht wirklich gut. Selbst wenn es zufälligerweise einmal funktioniert, so wird es nicht immer weiter so geschehen, wenn der Same nicht so ist wie bei Minze. Mit Pflege und Aufmerksamkeit erreichst du in der Regel gute Ergebnisse, wenn du auf die Balance achtest und offen bist. Das funktioniert in allen Bereichen.

Es ist wichtig zu wissen, was du willst und es ist wichtig, auch in diese Richtung aktiv zu werden. Nicht Arbeit ist das, was zählt. Viele Menschen arbeiten den ganzen Tag und erreichen nichts, andere Menschen erreichen mit wenig effektiver Arbeit grandiose Ergebnisse. Es zählt das Motiv, die Aufmerksamkeit und der Wille, es auch zu können und zu dürfen.

Das Analogiegesetz aus der Tabula Smaragdina:

"Dasjenige, welches unten ist, ist gleich demjenigen, welches oben ist

und dasjenige, welches oben ist, ist gleich demjenigen, welches unten ist, um zu vollbringen die Wunderwerke eines einzigen Dinges."

Die unterschiedlichen Ebenen der Wirklichkeit entsprechen einander, sind gleich und sind Pole der gleichen Realität. Sie funktionieren nach den gleichen Prinzipien. Wird nun ein Prinzip auf irgendeiner Ebene entdeckt, so muss es laut dieser Ansicht auf allen anderen Ebenen ebenfalls vertreten sein. Somit kann äußere Ordnung innere Ordnung schaffen und umgekehrt.

Anders ausgedrückt bezeichnen auch diese Dinge das Analogiegesetz:

- Dein Wille geschehe, wie im Himmel, so auch auf Erden.
- Wie man in den Wald hinein ruft, so schallt es auch hinaus.

... und viele mehr.

Das Gesetz der Resonanz funktioniert ebenso. Es sagt: Was du anziehst, kommt in dein Leben. Auch das wusste man schon: „Der Teufel scheißt immer auf den größten Haufen!" Es funktioniert wirklich und wir können es nutzen. Die Regeln des Lebens sind wichtig. Hoffnung wird dich zerstören, denn sie macht dich passiv und somit letzten Endes erfolglos. Diese Regeln sind wichtig.

Polarität ist das primär wichtige, danach folgt die Resonanz.

Wir brauchen die Einheit durch die Aufhebung der Polarität und die Verschmelzung und Verbindung der Gegensätze:

- Geben und Nehmen;
- Einatmen und Ausatmen;
- Yin und Yang;
- Positive und negative Ladung;
- Licht und Schatten;
- Gott und Teufel im christlichen Glauben …

Es gibt sehr viele mehr viele solcher Beispiele. Es ist wichtig, dass wir uns nicht zu Optimisten und Pessimisten degradieren, sondern Realisten mit offenem Herzen und voller Freude werden. Das Glas ist nicht halb voll oder halb leer, sondern bis zur Hälfte mit Wasser gefüllt. Übrigens ist auch der andere Teil des Glases gefüllt, und zwar zumeist mit Luft. Ist die so unwichtig für unser Leben, dass wir sie aus der Beobachtung ausschließen und sagen, es wäre nichts in dieser Hälfte des Glases?

Höre auf zu hoffen und werde zu einem Realisten, der die Welt offenen Herzens wahrnimmt, auf das Leben zugeht und es bejaht. Es ist dabei gefährlich, nur einen Teil des Lebens zu sehen, wie den guten oder lieben Teil. Es ist wichtig, nach innen zu schauen und zu erkennen, was und wer du bist und was genau dich ausmacht. Du bist so richtig, wie du bist und musst niemand anderer sein. Das ist so und du wirst es spüren lernen, wenn du nach und nach aktiv wirst. Beachte bitte dabei, dass du die Polarität nicht unterdrückst und nicht Dies oder Das sein musst wie Gut oder Böse. Achte ebenso auf die Resonanz und glaube an die wirklichen Werte und Vorstellungen in Dir, die du dir dann entsprechend bewusst machst. Dann sei offen, aktiv und begegne allem im Leben liebevoll. Du wirst spüren, es wird dir viel besser gehen.

Wenn etwas nicht gelingt, dann schlage ich dir eine tägliche Meditation vor. Im Rahmen einer ganz einfachen Meditation reicht es aus, so vorzugehen:

Komme ein wenig zur Ruhe und achte auf deinen Atem. Beobachte deinen Atem eine Zeit lang, vielleicht zwei bis drei Minuten. Nun spüre hinein, welche Situation oder welche zwei bis drei Situationen (mehr nicht) mehr Aufmerksamkeit benötigt hätten. Gehe in diese Situation hinein und versuche es nicht, sie zu ändern oder zu überdenken, damit sie weniger schlimm gewesen wäre. Nimm diese Situation(en) einfach nur wahr. Dann achte wieder auf deinen Atem. Nun spüre hinein, welche Situation oder welche zwei bis drei Situationen (mehr nicht) dir gut getan haben und dich erfreut haben, wie klein auch diese Freude gewesen sein mag. Gehe in diese Situation hinein und versuche es nicht, sie zu ändern oder zu überdenken, damit sie besser geworden wäre. Nimm diese Situation(en) einfach nur wahr.

13   Dem Leid verpflichtet

"Leid steckt an."
William Shakespeare

Der innere Schweinehund zwingt uns in die Knie und wir geben ihm die Möglichkeit dazu. Wir kämpfen gegen ihn und erleben dabei immer das gleiche. Es geht uns wie bei der Hydra: Wenn wir einen Kopf dieses Wesens abschlagen, wachsen gleich zwei neue und die Bedrohung steigt, statt geringer zu werden. Wir haben gelernt, dass wir so vorgehen, dass wir Leid, Verpflichtungen und Trauer als scheinbare Weisheit und Wirklichkeit übernehmen, wie ganz viele Glaubenssätze und uns davon beschränken lassen. Wir sind wieder da, wo auch der kleine Elefant ist, der auch ausgewachsen glaubt, sich nicht befreien zu können. Wenn unsere Eltern immer wollten, dass es uns besser geht, es uns aber nicht vorgelebt haben, dann bringt das nichts. Wir merken, dass es nicht stimmt, was sie uns erzählen, denn sie leben es nicht. Martin Luther King und Mahatma Gandhi haben beide für Gewaltfreiheit gelebt und sind durch Gewalt gestorben. Da war es genau das gleiche. Wir ziehen Dinge an, weil wir so geprägt wurden. Wenn wir gelernt haben, dass die erfolgreichen Menschen alle böse sind, dann verstehen wir das so und halten uns daran. Wir werden nicht erfolgreich sein und uns dabei gut fühlen können, denn dann wären wir keine guten und liebenswerten Menschen. Das, was wir vermeiden wollen, wird in unserem Leben immer größer und wird uns zu Fall bringen können.

Es ist wichtig, die uns bisher bindenden Glaubenssätze zu finden und umzugestalten. Menschen mit Erfolg sind nicht schlecht und arm sein ist nicht edel, Beziehungen basieren nicht auf Leid. Es muss nicht sein, dass es so bleibt, wie es ist, sondern es darf und kann sich ändern. Frage dich, welche Dinge du in deiner Vergangenheit als Prägungen mitbekommen hast und arbeite daran, es umzugestalten. Oftmals braucht es dazu professionelle Unterstützung, aber das hilft nur mit Aktivität und Offenheit. Wenn dann der Berater, Psychologe, Arzt oder Therapeut passt, dann bist du auf der Gewinnerstraße. Die Prägung kannst du nicht als dumm abtun, sondern du musst sie achtsam umgestalten. Es ist wichtig, das sorgsam anzugehen, denn es gehört zu den Werten, die du als Kind mitbekommen hast. Diese Werte sind für dich etwas wie Weisheit und du erkennst sie kaum. Es sind Prägungen wie „Ein Indianer kennt keinen Schmerz!". Ein vollkommen sinnloser Unsinn ist das. Auch Indianer müssen Schmerz spüren, genau wie wir auch. Wenn wir nicht wahrnehmen, dass unsere Halsschlagader offen ist, werden wir verbluten. Wenn unser Herz leidet und wir nichts wahrnehmen, sterben wir innerlich.

Daher ist es wichtig, dass du jetzt beginnst, dich zu öffnen, nach falschen Prägungen zu schauen und sie umzugestalten. Du wirst sehen, dass du erkennen kannst, welche gute

Absicht dahinter stand. Bei dem Schmerz der Indianer sollte es dich eigentlich veranlassen, nicht zu jammern. Es ging nie darum, keinen Schmerz zu spüren, da dieser wichtig ist. Wenn du das erkennst und die wahre Absicht sehen kannst, dann ist es auch möglich, umzugestalten. Es geht nicht um das, was getan wurde, sondern um das, was gewollt ist. Meist ist die Absicht der schlechten Konditionierungen sehr gut, die Ausführung jedoch eine Katastrophe. Es geht darum, diese Katastrophen umzugestalten und die gute Absicht zu finden, zu würdigen und dann sanft umzugestalten zu dem, was sinnvoll ist. Hierzu braucht es deinen eigenen Weg, auf den du dich aufmachen kannst. Er wird dich wirklich noch viel weiter befreien.

14 Danke liebe Arschlöcher

Was für eine provokante Ansage. Warum sollte man Arschlöcher lieben? Eigentlich gibt es einen einfachen Grund. Die Menschen, die uns verletzen, haben eine Botschaft für uns, die wichtig ist. Zuerst möchte ich dir zum besseren Verständnis die Spiegelgesetze vorstellen:

Die Spiegelgesetze

Die Spiegelgesetze können dir helfen, Dinge einmal anders zu sehen. Versuche, dich darauf einzulassen, den Blickwinkel zu ändern und erlaube dir, die Spiegelgesetze und die danach folgende Geschichte des Tempels mit den tausend Spiegeln in dir wirken zu lassen.

1. SPIEGELGESETZ

Alles, was mich am anderen stört, ärgert, aufregt und in Wut geraten lässt und ich anders haben will, habe ich selbst in mir.

Alles, was ich am anderen kritisieren und bekämpfen oder verändern will, kritisiere, bekämpfe oder unterdrücke ich in Wahrheit in mir und hätte es gerne anders.

2. SPIEGELGESETZ

Alles, was der andere an mir kritisiert, bekämpft und verändern will und mich damit verletzt, betrifft mich. Ich bin noch nicht erlöst. Mein Ego ist beleidigt, es ist noch stark.

3. SPIEGELGESETZ

Alles, was der andere kritisiert an mir, mir vorwirft oder anders haben will und bekämpft, und mich das nicht berührt, ist sein eigenes Bild, sein eigener Charakter, seine eigenen Unzulänglichkeiten, die er auf mich projiziert.

4. SPIEGELGESETZ

Alles, was mir am anderen gefällt, was ich liebe an ihm, bin ich selbst, habe ich selbst in mir und liebe dies im anderen. Ich erkenne mich selbst im Anderen. Wir sind in diesen Punkten eins.

Wenn du diese Gesetze erkannt hast, wirst du Folgendes verstehen:

Wenn du dich selbst kritisierst oder verurteilst, werden dich andere kritisieren und verurteilen.

Wenn du dich selbst verletzt, werden dich andere verletzen.

Wenn du dich selbst belügst, werden dich andere belügen.

Wenn du dir selbst gegenüber nicht verantwortlich handelst, werden andere unverantwortlich gegen dich sein.

Wenn du dich selbst beschuldigst, werden dich andere beschuldigen.

Wenn du selbst nicht auf deine Gefühle achtest, wird niemand auf deine Gefühle achten.

Wenn du dich selbst liebst, werden dich auch andere lieben.

Wenn du dich selbst respektierst, werden dich auch andere respektieren.

Wenn du dir selbst vertraust, werden dir auch andere vertrauen.

Wenn du ehrlich zu dir selbst bist, werden auch andere ehrlich zu dir sein.

Wenn du dir selbst Anerkennung schenkst, werden dir auch andere Anerkennung schenken.

Wenn du dich selbst schützt, werden dich auch andere schützen.

Wenn du dich an dir selbst erfreust, dann werden sich auch andere an dir erfreuen.

Die Spiegelgesetze sind eine gute Erfahrung, wenn man beginnt, sie anzuerkennen. Du wirst sie vielleicht noch schöner durch die Geschichte vom Tempel der tausend Spiegel verstehen können:

Der Tempel der tausend Spiegel

„In einem fernen Land gab es vor langer, langer Zeit einen Tempel mit tausend Spiegeln, und eines Tages kam, wie es der Zufall so will, ein Hund des Weges.

Der Hund bemerkte, dass das Tor zum Tempel der tausend Spiegel geöffnet war. Vorsichtig und ängstlich ging er in den Tempel hinein.

Hunde wissen natürlich nicht, was Spiegel sind und was sie vermögen. Nachdem er den Tempel betreten hatte, glaubte er sich von tausend Hunden umgeben.

Der Hund begann zu knurren, er sah auf die vielen Spiegel, und überall sah er einen Hund, der ebenfalls knurrte. Er begann die Zähne zu fletschen, und im selben Augenblick begannen die tausend Hunde die Zähne zu fletschen. Der Hund bekam es mit der Angst zu tun. So etwas hatte er noch nie erlebt. Voller Panik lief er, so schnell er konnte, aus dem Tempel hinaus.

Dieses furchtbare Erlebnis hatte sich tief im Gedächtnis des Hundes vergraben. Fortan hielt er es als erwiesen, dass ihm andere Hunde feindlich gesonnen sind.

Die Welt war für ihn ein bedrohlicher Ort, und er wurde von anderen Hunden gemieden und lebte verbittert bis ans Ende seiner Tage.

Die Zeit verging, und wie es der Zufall so will, kam eines Tages ein anderer Hund des Weges. Der Hund bemerkte, dass das Tor zum Tempel der tausend Spiegel geöffnet war, und neugierig und erwartungsvoll ging er in den Tempel hinein.

Hunde wissen natürlich nicht, was Spiegel sind und was sie vermögen. Nachdem er den Tempel betreten hatte, glaubte er sich von tausend Hunden umgeben.

Der Hund begann zu lächeln, er sah auf die vielen Spiegel und überall sah er einen Hund, der ebenfalls lächelte, so gut Hunde eben lächeln können. Er begann vor Freude mit dem Schwanz zu wedeln, im selben Augenblick begannen die tausend Hunde mit ihrem Schwanz zu wedeln, und der Hund wurde noch fröhlicher.

So etwas hatte er noch nie erlebt. Voller Freude blieb er, so lang er konnte, im Tempel und spielte mit den tausend Hunden.

Dieses schöne Erlebnis hatte sich tief ins Gedächtnis des Hundes eingegraben. Fortan hielt er es als erwiesen, dass ihm andere Hunde freundlich gesonnen sind.

Die Welt war für ihn ein freundlicher Ort, und er wurde von anderen Hunden gern gesehen und lebte glücklich bis ans Ende seiner Tage.

(Verfasser unbekannt)

Hast du verstanden, was gemeint war? Warum diese beiden Geschichten wichtig waren? Du entscheidest, was du wahrnimmst und du entscheidest, was du daraus machst. Wenn andere Menschen wie Arschlöcher erscheinen, dann achte auf das 1. Spiegelgesetz. Du wirst erkennen können, dass du daran wachsen kannst. Hier ist es noch einmal:

1. SPIEGELGESETZ

Alles, was mich am anderen stört, ärgert, aufregt und in Wut geraten lässt und ich anders haben will, habe ich selbst in mir.

Alles, was ich am anderen kritisieren und bekämpfen oder verändern will, kritisiere, bekämpfe oder unterdrücke ich in Wahrheit in mir und hätte es gerne anders.

Es muss nicht linear sein, also genau um das gleiche gehen. Grundsätzlich ist es aber so, dass der Andere ein Verhalten zeigt, dass bei dir noch nicht erlöst möglich ist. Wenn du zu wenig auf dich achtest, ein liebenswerter Mensch bist und du zu wenig für dich da bist, dann kann es beispielsweise sein, dass dich Menschen aufregen, die mehr auf sich achten als du.

Auch beim zweiten Spiegelgesetz geht es um das gleiche:

2. SPIEGELGESETZ

Alles, was der andere an mir kritisiert, bekämpft und verändern will und mich damit verletzt, betrifft mich. Ich bin noch nicht erlöst. Mein Ego ist beleidigt, es ist noch stark.

Du siehst, es ist nichts anders. Es geht genau um das gleiche Thema. Nur wenn es dich verletzt, gibt es ein Problem. Es geht darum, dein Ego aufzulösen und wahrzunehmen, was das Ungleichgewicht auslöst. So kannst du auch das dritte Spiegelgesetz als Bestätigung dafür annehmen:

3. SPIEGELGESETZ

Alles, was der andere kritisiert an mir, mir vorwirft oder anders haben will und bekämpft, und mich das nicht berührt, ist sein eigenes Bild, sein eigener Charakter, seine eigenen Unzulänglichkeiten, die er auf mich projiziert.

Wenn du das auch noch verstehst, dann ist das die Konsequenz:

4. SPIEGELGESETZ

Alles, was mir am anderen gefällt, was ich liebe an ihm, bin ich selbst, habe ich selbst in mir und liebe dies im anderen. Ich erkenne mich selbst im Anderen. Wir sind in diesen Punkten eins.

Du merkst, was die wichtige Botschaft ist? Du erkennst in anderen Menschen, was in dir nicht erlöst ist und was du bereits erreicht hast, wenn du offenen Herzen hinschaust und es als Impuls wahrnimmst, ohne dich oder andere Menschen anzuklagen. Die immer freundlicher werdenden Menschen sind ein gutes Zeichen, denn das wird geschehen. Die Menschen werden immer liebenswerter, denn du brauchst keine Maske, bist offen, mitfühlend, liebevoll zu dir und deinem Gegenüber. Das wird sich immer mehr steigern, wenn du dabei bleibst und achtsam auf deinem Weg bist. Beginne deinen Weg zu gehen, mache die Schritte gerne mehrmals, sie werden immer besser. Du wirst zu dir finden und bei dir ankommen. Dann bist du offen für dich, die Liebe zu dir und zu anderen Menschen. Beides wächst miteinander und verstärkt sich. Ich wünsche dir ein liebevolles und wunderbares Leben, das dich immer mehr bereichern wird und immer glücklicher werden lässt. Dieses Glück kommt von innen und ist kein aufgesetztes Lachen, das nur glücklich wirkt. Du hast es verdient, aus deinem Herzen heraus das Glück und die Liebe in dir zu spüren. Bleibe dabei und du wirst einem wunderbaren Menschen begegnen: Dir. Lebe dein Leben und liebe es. Alles Andere wäre Zeitverschwendung.

Andere Bücher von Arno Ostländer, alle erhältlich beim Autor und bei Amazon:

Endlich bei mir angekommen
Das Lese- und Übungsbuch für alle Menschen, die sich auf den Weg zu ihrem eigenen erfüllten Leben voller Liebe machen möchten!

Ganz einfach vegan
Vegane Ernährung ganz simpel erklärt mit 99 Fakten und Basics zum Einsteigen, Verstehen und Umdenken für Alle sowie einige schnelle und einfache vegane Rezepte mit Suchtfaktor.

Rheinischer Buddhismus des 21. Jahrhunderts

(Das kölsche bzw. rheinische Grundgesetz, als Grundlage eines neuen und erfüllten Lebens. / Läve verstonn nohm Kölsche Jrundjesetz

Frei von Stress, Schmerzen, Angst und Selbstzweifeln in zehn Schritten

Handbuch zur Selbsthilfe und Behandlung von Klienten mit Quantenheilung und Meditation.

Hypnose lernen 01 Skript und Lehrbuch zum Hypnose Basis Seminar

Hypnose lernen ohne Vorkenntnisse. Alle Inhalte einer Hypnose Basis Ausbildung schriftlich mit Mustertexten.

Wie kann ich wieder lieben lernen?

In verständlichen Worten wird anschaulich und klar Mut für einen Neuanfang geschaffen, der gelingen kann. Dabei werden Stolperfallen, Illusionen und Fallstricke klar angesprochen und Wege aufgezeigt, sie zu umgehen.

Die Liebe lohnt sich immer und sie ist für jeden von uns möglich, wenn wir Anfangen, sie in unser Leben zu lassen.

Euer Glück kotzt mich an!

Warum es Dich schmerzt, wenn andere Menschen glücklich sind und von Deinem Weg zum eigenen Glück und zur Liebe in Dir!

Wir sind frustriert, weil diese blöden Menschen doch alle so viel glücklicher sind als wir. Es könnte so schön sein, aber wir stehen uns selbst und dem eigenen Glück im Weg, wohingegen es anderen Menschen scheinbar gut geht. So ist es nicht und wir haben die Chance, unser Leben zu verändern. Diese kleine schriftliche Anleitung zum eigenen Glück kann eine gute Hilfe sein, das Leben als Opfer zu beenden und das eigene Glück zu erfahren, das zum neuen Lebenskonzept wird und viel Freude bereitet.

Über den Autor

Arno Ostländer, Jahrgang 1968, ist ein aus Radio, TV und Presse bekannter Coach und Berater, der beispielsweise als Experte für die Aachener Zeitung und Aachener Nachrichten schreibt. Er war im TV unter anderem tätig als Berater von Silvia Wollny (Die Wollnys - Eine schrecklich große Familie). Darüber hinaus bloggt er zu vielen interessanten Themenbereichen und ist in vielen Medien gefragter Interviewpartner.

Der Versicherungsfachwirt und frühere Vertriebstrainer hat kurz nach erreichen seines vierzigsten Lebensjahres aus einer tiefen

Lebenskrise heraus sein Leben auf neue Beine gestellt. Er hat seither zahlreiche Ausbildungen absolviert und sehr viele berühmte Persönlichkeiten getroffen, mit denen er gearbeitet hat. Sein Ansatz ist hypnosystemisch, lösungsorientiert und konstruktivistisch.

Er arbeitet mit Einzelpersonen, Familien, Gruppen und Firmen im niederländischen Vaals bei Aachen.

Kursangebote und Vorträge

Arno Ostländer leitet Selbsterfahrungs-Kurse und Seminare, zum Beispiel in der Technik der Quantenheilung, der Hypnose und gibt vegane Kochkurse. Weitere Hinweise, Termine und Kontaktmöglichkeiten findest du unter www.paramedius.com.

Zusammenfassung

Wir haben gelernt, uns zu verbiegen und leben eine Existenz, die man uns vorschreibt, gefangen in Ängsten und Zwängen. Arno Ostländer schreibt in klarer und oftmals provokanter, aber auch einfühlsamer Art über uns prägende Erfahrungen und die Möglichkeiten, die eigene Persönlichkeit zu entwickeln. In deutlichen Worten erkennen wir uns selbst, finden zu unseren eigenen und wahren Werten und lernen, uns selbst zu leben und den Mut zum eigenen Leben zu finden. Es ist möglich, zu einer eigenen Persönlichkeit zu finden und frei zu leben, wenn man den Mut hat, den einfachen Schritten des Buches zu folgen.